# SAMSUNG RISING

## 삼성전자 왜 강한가

한국경제신문 특별취재팀 지음

한국경제신문

# 기업은 나라의 근간이다

나라가 유지되고 발전해가는 데 있어 가장 중요한 것은 무엇일까. 경제신문사에 오래 몸담고 있어서 그런지는 모르겠지만 나는 그것은 바로 기업이라고 생각한다. 월드컵에서 세계 4위를 한 축구처럼 나라를 빛내는 것들은 많이 있다. 그렇지만 진정 나라를 빛내주는 것은 세계시장에서 당당히 경쟁하는 기업들이다. 삼성, LG, 현대차, 포스코 등이 '메이드 인 코리아' 상표를 붙여서 만들어내는 반도체·가전제품·자동차·철강 등의 상품이 코리아의 이름을 알리고 우리나라를 세계 속에서 무시할 수 없는 나라로 만든다. TFT-LCD, 조선, 휴대전화 등 나라의 위상을 드높이는 상품은 상당히 많다. 또 그런 상품을 만드는 기업이 있기에 국가의 경쟁력이 유지되고 국민들도 안락한 생활을 영위할 수 있다. 이들 상품이나 기업이 미치는 영향은 정치나 축구가 비할 바가 못된다.

좀 극단적인 가정을 해서 이 땅에 내놓을 만한 기업이 없다고 가정해보자. 그럼 우리의 생활이 어떻게 바뀔까. 국민들의 생활은 힘겨워질 수밖에 없고, 나라는 일부 남미 국가나 동유럽 국가 같은 모습을 면하기 어려울 것이다. 조금만 생각해봐도 기업이 기여하는 바는 이처럼 쉽게 알 수 있지만 한국의 기업이나 기업인들은 실제 자신들이 기여하는 바에 비해선 별로 평가를 받지 못하고 있다. 오히려 기업은 비리의 온상으로 간주되고 기업인은 부패의 상징인 양비치는 경우가 허다하다. 물론 모든 기업이나 기업인들이 모두 옳은 일만을 하는 것은 아니지만 제대로 된 평가를 받지 못하는 것은 참으로 안타까운 일이 아닐 수 없다.

기업이나 기업인이 존경받는 풍토를 만드는 것은 나라를 부강하게 만들기 위해서는 빼놓을 수 없는 요인이 된다. 그래야 수많은 젊은이들이 기업을 일으켜보고 싶어하고 기업인이 되기 위해 노력을 할 것이기 때문이다. 그런 사람이 늘어날수록 나라가 소리없이 부강해질 것임은 말할 필요도 없다. 그런 의미에서 제대로 된 기업의 제대로 된 성공 스토리를 써보고 싶다는 생각을 늘상 해왔다.

그러던 차에 삼성전자가 한국의 간판기업으로서 확고하게 자리를 잡고 세계시장에서의 위상도 괄목할 만큼 높아지면서, 신문사 내부에서 삼성전자에 대한 집중분석 기사를 써보자는 얘기가 오갔다. 시작은 전임 편집국장이던 김형철 국장의 강력한 권유로 비롯됐다. 한국의 대표적 기업이라 할 수 있는 삼성그룹이나 삼성전자에 대한 장기 시리즈를 써보면 어떻겠느냐는 것이었다. 평소 한 번 다뤄보고 싶던 테마이기도 해서 흔쾌히 그렇게 해보자고 했다. 2001년 세계적인 IT(정보기술)업계 불황에도 불구하고 삼성전자가 3조 원에 가까운 이익을 내 삼성그룹과 삼성전자가 세계시장에서 주목을 받고 있었기 때문에 뒤로 미룰 수 없다는 판단도 작용했다.

곧바로 특별취재팀을 구성하고 팀원들과의 협의를 거쳐 기사화할 대상을 삼성그룹이 아니라 삼성전자로 축약하기로 결정했다. 그룹보다는 1개 기업으로 축약하는 것이 기사에 더 집중력이 생기고 호소력도 더 강할 것이라는 판단 때문이었다. 다만 현직 출입기자만으로는 일상적으로 진행되는 취재를 감당하기에도 벅찬 형편이어서 전직 삼성그룹 및 삼성전자 출입기자도 특별취재팀에 일부 포함을 시켰다. 그렇게 하는 것이 잘 알려지지 않은 과거 이야기까지도 기사에 포함시킬 수 있으리라는 생각이었다.

그렇지만 막상 취재를 시작하고 보니 어려움이 한두 가지가 아니었다. 우선 참고자료가 별로 없었다. 우리나라에서 기업이 취급받고 있는 현실을 반영하듯 삼성전자는 물론, 하나의 기업에만 초점을 맞춰 다룬 책을 찾기가 어려웠다. 국내 경영학자들은 산업전반이나 경영계 이슈, 특정 산업 등은 많이 다뤘지만 개별기업을 정면으로 다루는 경우는 많지 않았던 것 같다. 아마도 기업에 대한 국민들의 인식이 부정적인 편이어서 학자가 특정 기업을 미화한다는 소리를 들을까봐 연구를 꺼리는 풍토가 있지 않았나 생각된다. 물론 기업을 분석한 책이 있기는 했지만 체계적이지 않은 경우가 많았고 분석과 함께 현장의 생생한 얘기들을 결합한 책은 더욱 찾기가 어려웠다. 시중에 많이 나돌아다니는 기업관련 서적은 에피소드들을 모아놓은 경우가 대부분이었다. 그나마 기업에 관해 제대로 알 수 있는 책들은 몇몇 기업인 출신들이 내놓은 자전적 성격의 회고록 정도에 그쳤다. 1990년대 중반 도쿄 특파원으로 근무할 때 둘러봤던 서점들에 소니나 도요타자동차 같은 일류기업에 대한 책들이 많이 꽂혀 있던 것과는 대조적이었다. 일본의 경우는 특색 있는 중소기업을 대상으로 분석한 책들도 다양했다.

취재도 용이하지 않았다. 삼성의 풍토상 '보안(保安)'을 강조하는 분위기가 뿌리깊이 스며 있을 뿐만 아니라, 좋든 나쁘든 자신들의 이야기가 사람들 입에 오르내리는 것을 원치 않는다는 게 삼성측의 공식입장이어서 취재가 생각만큼 진전되지 않았다. 취재원들은 "홍보팀에 물어보라"며 핑퐁을 치거나 "말할 수 없다"는 얘기만을 되풀이할 뿐이었다. 컨설팅 회사나 회계법인 등 기업내용을 잘 알고 있는 관련업계에서도 사정은 마찬가지였다. 이들 분야의 고위직 인사들은 삼성을 얼마나 어렵게 생각하는지 "삼성전자에 대한 일반적인 평가를 해달라"는 요청에 대한 답변조차 주저할 정도였다. 개인 이름은 물론 회사명조차 나가서는 안 된다고 신신당부하기 일쑤였다. 돌파구를 찾기 위해 삼성 구조조정본부 홍보팀장 이순동 부사장을 만났다. 이순동 부사장은 취재팀의 순수한 기획의도를 들은 뒤 흔쾌히 적극적인 협조를 약속했다. 삼성의 협조를 얻어 취재원 인터뷰를 했지만 "이것은 기업비밀이니 나가서는 안 된다"거나 "상대방 회사

이름은 거론하지 말아달라"는 등의 보도자제를 연발하는 간부나 사원들이 적잖았다. 이처럼 소극적인 취재원을 설득하느라 취재기자들과 삼성 홍보팀은 적잖은 공을 들여야 했다.

몇 차례나 게재일을 늦춘 끝에 2002년 3월 11일부터 20회에 걸쳐 '삼성전자 왜 강한가' 시리즈가 나가기 시작하자 기대 이상의 반응이 쏟아졌다. 반응은 회를 거듭할수록 더욱 뜨거워졌다. 특히 삼성을 주목하고 있던 해외 언론들의 반응은 더 민감했다. 〈한국경제신문〉과 삼성전자 홍보팀에는 해외 유력언론 한국특파원들의 전화가 빗발쳤다. 한국경제신문의 시리즈를 계기로 〈타임〉, 〈포브스〉, 〈포천〉, 〈비즈니스 위크〉, 〈파이낸셜 타임스〉, 〈월 스트리트 저널〉, 〈니혼게이자이신문〉, 〈레제코〉 등 해외 유력언론들은 '삼성전자 왜 강한가'라는 주제와 유사한 기획기사들을 잇따라 커버스토리나 주요 기사로 실었다. 삼성전자 홍보팀의 한 관계자는 "〈한국경제신문〉이 삼성전자에 대한 세계 언론의 관심에 불을 붙였다"며 즐거운 비명을 질렀다. 일부에서는 진담 반, 농담 반으로 "〈한국경제신문〉이 삼성의 해외홍보에 수조 원대의 기여를 했다"고 말하기도 했다. 이건희 삼성 회장 역시 시리즈에 깊은 관심을 보였다. 전반적인 반응은 취재진이 오히려 부담감을 느낄 정도였다.

기업체는 물론 관공서와 학계에서도 삼성전자 시리즈와 관련된 문의가 쏟아졌다. 문의는 기사와 관련된 내용을 묻거나 추가자료를 얻고 싶어하는 것들이 많았다. 일부 기업 관계자는 최고경영자가 기사를 보고 몇몇 분야의 경영 프로세스 혁신을 지시했다며 협조를 요청하거나 강의를 해달라고 부탁하는 전화를 주기도 했다. 이 같은 요청에 충분히 부응하지 못한 점은 여전히 아쉬움으로 남는다.

뒤늦게 시리즈를 본 독자들은 지나간 기사 스크랩을 구할 수 있는지, 아니면 책자로 발간할 계획이 있는지를 묻고는 했다. 또 취재기자들의 경우에는 지면관계상 어렵게 취재했던 주요 내용을 싣지 못했다며 아쉬워하기도 했다. 이 같은 안팎의 요구로 인해 신문에 실렸던 시리즈를 근간으로 해 이번에 책자를 발간하게 됐다.

장기 시리즈를 게재하고 또 이를 보완하고 새로운 내용을 추가해 책으로 묶는 과정을 거치면서 의미를 부여하고 싶은 것은 무엇보다 경제 현장을 뛰는 기자들이 한국의 대표적인 기업을 다방면에 걸쳐 집중분석해보았다는 점이다. 시리즈와 책은 도덕성의 잣대로 시시비비(是是非非)를 가리는 데 주력하기보다는 세계적인 일류기업으로 발돋움하기 시작한 삼성전자가 어떻게 오늘에 이를 수 있었는지에 대한 답변을 제시하는 데 주력했다. 이는 국내의 다른 많은 기업과 기업인들에게 삼성전자의 성공사례를 전파함으로써, 한국에서 더 많은 세계적 기업이 나오기를 바라는 당초의 기획취지를 일관되게 지킨 것이라는 점을 밝혀둔다.

책을 내면서 한 개의 기업을 무려 20회에 걸쳐 시리즈로 다루려는 국내언론사상 처음 있는 과감한 시도를 적극 지원하고 용기를 북돋워준 최준명 사장과 김형철·김기웅 전현직 편집국장 및 편집진들에게 고마움을 표한다. 또한 그 동안 어려운 여건 하에서 기자들의 까다로운 요청에도 마다하지 않고 협조해준 이순동 부사장을 비롯한 구조조정본부 홍보팀과 삼성전자 홍보팀에도 감사한다. 이 부사장은 구조조정본부와 전자 및 전자계열사의 홍보팀을 조율하면서 '작품'이 나오도록 많은 노력을 기울여주었다. 인터뷰에 응해준 수많은 사람들에게도 고마움을 전한다. 특별취재팀 멤버들에 대한 감사의 말 역시 빼놓을 수 없다. 멤버들은 조금이라도 더 생생한 내용을 전하기 위해 정말 열심히 노력하고 분주히 뛰어다녔다. 시리즈 결과물 한편 한편을 만들어내기 위해 1주일 이상 취재에 매진한 경우가 허다했고 어떤 경우는 한 달 이상이 걸리기도 했다. 이 모든 이들의 도움과 이해가 없었으면 이 책자는 세상에 나오기 어려웠을 것이다.

취재팀이 최선의 노력을 기울였다고는 하지만 책을 읽다 보면 전문가들의 시각에서는 미흡한 점도 없지 않을 것이다. 그런 경우는 보다 넓은 마음에서 이해해주고 충고도 아끼지 말아주었으면 고맙겠다.

이 책을 계기로 세계시장에서 맹활약하고 있는 한국의 기업들을 분석한 책자들이 더 많이 나오고 힘겨운 경제전쟁을 벌이고 있는 기업들을 국민들이 좀더 잘 이해하고 기운을 북돋아주게 되었으면 하는 마음이다.

2002년 7월
〈한국경제신문〉 '삼성전자 왜 강한가'
특별취재팀장(편집국 산업담당 부국장) **이봉구**

# | 차 | 례 |

SAMSUNG

**3부 | 최고사령탑이 말하는 현재와 미래**

RISING 삼성전자 왜 강한가

# SAMSUNG RISING

제 1 부

## 세계적 기업으로 부상한 삼성전자

# 삼성전자의 위상

## 소니를 능가하는 세계적 기업

"제발 삼성전자와 소니를 비교하지 말아주세요."

2002년 5월 초 소니코리아 이명우 사장은 언론사 기자들을 불러 "두 회사는 사업영역이 다르다"며 보도 자제를 요청했다. 삼성전자에서 북미총괄 가전부문장(상무)까지 지낸 이 사장은 국내외 언론들이 2001 사업연도에 2조 9,000억 원의 순이익을 올린 삼성전자와 153억 엔(약 1,530억 원)밖에 순이익을 내지 못한 소니를 비교하자 민감하게 반응한 것이다.

소니는 과거 삼성전자가 감히 따라잡을 엄두조차 내기 어려웠던 전자업계 1위 회사. 이데이 노부유키 소니 회장은 "삼성전자가 소니를 벤치마킹의 대상으로 삼고 있는 것으로 보인다"면서, "제품 개발에서 디자인까지 삼성전자가 소니를 배워나가고 있다"고 태연한 척한다. 그러나 소니측의 이 같은 해석과는 달리 "삼성전자는 소니를 능가하는 세계적 전자업체로서 도약하려고 준비하고 있는 것으로 보인다"고 〈월 스트리트 저널〉(2002년 6월 14일자)은 보도했다.

〈비즈니스 위크〉도 2002년 3월 11일자 커버스토리 '소니의 반격' 기사에서 "도쿄의 소니 본사 8층 엔도 구니다케 사장의 사무실에서는 '삼성전자' 라는 말만 나와도 불안해하는 반응을 보인다"며 소니의 분위기를 전했다.

삼성전자는 최근 세계 전자 IT(정보기술) 업계의 신데렐라로 떠올랐다. 한때 삼성전자는 물량떼기식 같은 헐값으로 제품을 선진시장에 퍼붓기에 여념이 없는 개발도상국 기업 중의 하나였다. 지금은 소니, 인텔, 마이크로소프트를 비롯한 세계 최상위 그룹 기업들이 삼성과 손잡기 위해 열을 올리고 있다.

삼성전자의 동향을 탐지하기 위해 서울사무소장의 직급을 올리고 조직을 강화하는 외국 전자업체들이 늘어나고 있다. 삼성 경영진을 홀대하던 외국의 기업인들이 이제는 삼성 경영진을 만나려고 줄을 선다.

지난 1960년대 말 삼성전자에 처음으로 전자 기술을 전수했던 산요전기의 이우에 사토시 회장은 삼성전자가 어떻게 발전했는지를 직접 보기 위해 지난 5월 초 이건희 회장을 방문하기도 했다.

미국 라스베이거스에서 열린 세계 최대 가전전시회 'CES 2002' 에서는 진대제 디지털 미디어 총괄사장이 아시아인으로는 최초로 개막 기조 연설을 함으로써, 세계 시장에서 높아진 디지털 기업으로서의 위상과 이미지를 과시했다.

샌프란시스코에서 열린 세계 최고권위의 반도체학회인 국제고체회로학회(International Solid State Circuit Conference : ISSCC) 회의에는 황창규 메모리사업부 사장이 한국인으로는 처음으로 기조 연설자로 초청받았다.

〈타임〉, 〈월 스트리트 저널〉, 〈파이낸셜 타임스〉, 〈니혼게이자이신문〉, 〈포브스〉, 〈포천〉, 〈레제코〉 등 해외 언론들도 잇따라 '삼성전자 왜 강한가' 를 집중 조명하고 있다.


삼성전자가 주목을 받게 된 직접적인 계기는 2001년 전세계적인 IT 업계 불황과 일류업체들의 적자행진 속에서 대규모 이익을 냈기 때문이다. 삼성전자는 2000년 6조 원의 이익을 낸 데 이어 2001년에도 2조 9,000억 원의 이익을 냈다.

2000년에 6조 원의 이익을 냈을 때만 해도 호황이었던 시장 덕분일 뿐이라는 평가가 우세했다. 선진기업들은 '소가 뒷걸음질치다가 쥐를 잡은 격' 으로 받아들였다고 이윤우 삼성전자 반도체 총괄사장은 말했다. 그러나 가전 · 반도체 · 휴대전화 등의 불황이 겹친 2001년에도 변함없이 대규모 이익을 실현하자 시장의 평가가 달라졌다.

반도체 D램의 가격이 폭락했는데도 불구하고 휴대전화 등 정보통신 부문에서 대규모 흑자를 냈다. 정보통신 부문은 1조 3,741억 원이나 되는 영업이익을 올리면서 새로운 흑자사업으로 떠올랐다. D램에 이어 단일 품목으로 1조 원 이상의 이익을 낸 두번째 제품이 됐다. 또 반도체 부문이 6,983억 원의 영업이익을 낸 것을 비롯, 디지털 미디어 2,928억 원, 생활가전 1,829억 원의 영업이익을 올렸다.

2001년 반도체 업계에서 D램 가격급락에 따른 충격은 메가톤급이었다. 마이크론과 인피니언이 각각 19억 달러 수준의 적자를 냈다. 하이닉스반도체는 한 차례 해외 주식예탁증서(DR) 발행과 채권단의 자금지원에도 불구하고 마이크론과 매각협상을 벌여야 했다.

일본의 도시바도 미국 D램 공장을 마이크론에 넘기는 등 일본 업체들은 줄줄이 D램 사업을 포기했다. 128메가 범용 D램 현물시장가격이 2000년 중반 개당 18달러에서 2001년 11월 말 1달러 미만으로 폭락한 결과였다.

비메모리 반도체도 D램만큼 가격이 급락하지는 않았지만 사업이 어렵기는 마찬가지였다. 반도체업계 최강자인 컴퓨터용 중앙처리장치(비메모리, CPU) 업체 인텔도 흑자폭이 대폭 줄어 삼성전자와 비슷한 20억 달러의 흑자를 내는 데 그쳤다.

종합전자업체인 일본 기업들의 충격이 특히 컸다. 히타치와 마쓰시타가 각각 4,800억 엔과 4,300억 엔의 적자를 냈으며 도시바, NEC, 후지쓰도 2,000억 엔에서 3,000억 엔대의 적자를 기록했다.

일본 업체 중에서는 소니가 153억 엔의 흑자를 내 겨우 체면을 유지했다.

휴대전화 업계에서도 업계 1위 노키아와 삼성전자만이 이익을 냈다. 에릭슨 20억 달러 등 알 만한 기업들은 대규모 적자로 곤욕을 치렀다. 모토로라는 71년 만에 처음으로 6억 9,700만 달러의 적자를 기록했다.

이렇게 극심한 IT 업계 불황 속에서도 삼성전자가 흑자기조를 유지하자 해외에서 보는 시각이 달라지기 시작했다. 지난 1999년 3조 1,700억 원을 포함해 3년 동안 벌어들인 순이익이 모두 12조 원에 달한다. 2001년에 삼성전자보다 많은 이익을 낸 전자업체는 GE (194억 달러), IBM(114억 달러), 노키아(33억 달러) 정도다.

| 일본 주요 전자업체 2001년 실적 | | | | (단위 : 억 엔) |
|---|---|---|---|---|
| 회사 명 | 매 출 | | 당기손익 | |
| | 2000년 | 2001년 | 2000년 | 2001년 |
| 히타치제작소 | 8조 4169 | 7조 9937 | 1043 | −4838 |
| 소니 | 7조 3148 | 7조 5763 | 167 | 153 |
| 마쓰시타전기산업 | 7조 6815 | 6조 8766 | 415 | −4310 |
| 도시바 | 5조 9513 | 5조 3940 | 961 | −2540 |
| NEC | 5조 4097 | 5조 1010 | 566 | −3120 |
| 후지쓰 | 5조 4844 | 5조 69 | 85 | −3825 |
| 미쓰비시전기 | 4조 1294 | 3조 6489 | 1247 | −779 |
| 산요전기 | 2조 1573 | 2조 247 | 422 | 17 |
| 샤프 | 2조 128 | 1조 8037 | 385 | 113 |

더구나 2002년 1/4분기 순이익 1조 9,000억 원도 상상을 뛰어넘는 수치였다. 웬만한 기업이 한 해에 내기도 어려운 이익을 한 분기에 벌어들였다. D램 가격이 2001년 말부터 겨우 반등하기 시작했는데, 사상 최고에 가까운 분기실적을 낸 것이다.

마이크론, 인피니언, 모토로라 등은 여지없이 1/4분기 적자를 기록했다. 휴대전화 업계 1위인 노키아는 삼성의 절반 수준인 8억 6,300만 유로의 이익을 발표하면서 매출 전망치를 하향조정했다. 2002년 삼성전자는 2000년에 기록한 6조 원의 순이익 기록을 갱신할 것으로 예상되고 있다.

외환위기 직후인 지난 1997년 17조 원의 부채를 안고 허덕이던 삼성전자는 이제 계속 쌓이고 있는 여유자금을 어디에 써야 할지 고민하고 있다.

2001년 말 2조 8,000억 원을 기록했던 보유현금은 2002년 1/4분기 말에 4조 1,000억 원으로 늘어나는 등 계속 증가추세다. 해외법인까지 포함한 총차입금 3조 7,500억 원을 다 갚고도 돈이 남을 정도여서 순차입금비율이 마이너스를 기록했다.

삼성전자는 이미 2002년 한 해 동안 1조 원을 자사주 매입에 쓰기로 하고 자사주를 사들이고 있는 중이다.

삼성전자 IR(투자자홍보) 팀장 주우식 상무는 "이익이 이처럼 많이 나는 게 처음 겪는 구조적인 변화여서 어떻게 할지를 연구하고 있는 중"이라고 말했다.

회사 제품이 제대로 평가를 받기 시작한데다 브랜드 마케팅에도 힘쓴 결과 '삼성'의 브랜드 가치도 점점 커지고 있다.

세계적 브랜드 조사기관인 영국 인터브랜드사의 발표에 따르면, 삼성전자의 브랜드 가치는 1999년 31억 달러, 2000년 52억 달러에서 2001년 64억 달러(세계 42위)를 기록하며 해마다 급격히 증가하고 있다.

아시아 기업 중에서는 소니 다음으로 브랜드 가치를 높게 평가받고 있다. 필립스, 파나소닉 등 한때 삼성을 압도했던 기업들을 멀찌감치 떼어났다.

삼성전자의 각 사업들은 입지가 더욱 탄탄해지고 있다. D램 등 메모리와 모니터, 초박막액정표시장치(TFT-LCD)에서 세계 1위를 유지한 데 이어 휴대전화도 지난 1994년 미국에 처음 수출하기 시작한 지 불과 7년여 만에 세계 3위로 뛰어올랐다.

D램에서의 확고부동한 위상을 바탕으로 LCD, 정보통신 분야 등으로 사업을 확대하면서 점점 시너지 효과를 내는 국면에 접어들었다는 평가를 받고 있다.

D램의 경우 2001년까지 9년째 세계 1위를 유지했다. 더구나 D램 시장점유율은 2000년 20.9%에서 2001년 27%로 높아져 마이크론 등 2위 이하 기업과의 격차가 더욱 벌어졌다. 마이크론은 시장점유율이 18.7%에서 19%로 소폭 증가하는 데 그쳤다. 제품 면에서도 램버스 D램과 DDR D램 등 고속 메모리, 고부가가치제품 시장에서 더 높은 비중을 차지하고 있다.

노키아는 휴대전화 분야에서 경쟁업체이지만 D램만큼은 삼성전자에서 사다 쓸 정도다. 소니의 게임기 플레이스테이션2에 들어가는 램버스 D램도 삼성전자 제품이다. 2002년 D램 시장의 주력제품을 128메가에서 256메가로 전환시키는 작업에 들어가 아직 준비가 덜 된 경쟁업체들을 긴장시키고 있다.

D램 기술수준과 원가경쟁력 등은 경쟁업체가 쉽게 따라오기 어려운 수준에 이르렀다. 지난 1992년 일본 업체를 제치고 세계에서 제일 먼저 64메가D램을 개발해 선두로 나서기 시작한 데 이어 2001년 2월 4기가D램 개발에 이르기까지 10년 동안 4세대에 걸쳐 선두자리를 놓치지 않고 있다.

현재 주로 쓰이는 200mm짜리 웨이퍼(반도체의 재료인 실리콘 원판)보다 생산량이 2.5배 늘어나는 지름 300mm 웨이퍼 양산 출하도 메모리 업계에서는 제일 먼저, 반도체업계에서는 인텔에 이어 두번째로 2001년 시작했다. 지난 1993년 200mm 웨이퍼 투자를 제일 앞서 시작했던 것도 삼성전자였다.

또 회로선폭 축소에서도 인텔과 선두경쟁을 벌이고 있다. 삼성전자는 2002년 5월 28일 비메모리 반도체에서 회로선폭 90나노 공정기술을 개발하는 데 성공했다고 발표했다. 나노(nm, 10억 분의 1m)급 기술은 현재의 마이크론(μm, 100만 분의 1m)급 기술보다 한 차원 높은 수준의 기술.

현재 상용화되고 있는 0.13μm 공정과 비교하면 동작속도는 30%

향상되고 칩 면적은 50% 줄일 수 있어 그만큼 원가경쟁력도 높아지게 된다.

인텔과 대만의 파운드리(수탁가공생산) 업체 TSMC에 이어 세번째 발표였다. 연초에 기술을 개발했지만 발표에서 선수를 빼앗긴 삼성전자는 6월 초 70나노 공정의 핵심기술인 '고유전막공정'을 개발하는 데 성공했다고 발표했다. 메모리 업체들과의 경쟁을 뛰어넘어 반도체업계의 황제 인텔과 치열한 선두다툼을 벌이고 있는 상황이다.

윤종용 부회장은 "반도체는 제품개발과 공정개발에서 일본 업체보다는 반드시 3~6개월을, 국내 경쟁업체에 비해서는 6개월 앞서 간다는 전략을 정해놓고 3~4년 동안 계속 지켜왔다. 2001년 일본과의 격차가 1년으로 벌어지면서 일본 업체들이 완전히 손을 들었다"고 설명했다.

휴대전화 사업은 삼성의 새로운 주력제품이다. CDMA 방식 휴대전화 1위를 발판으로 세계 3위 기업으로 부상했다. 미국의 시장 조사기관인 데이터퀘스트에 따르면 삼성은 2002년 1/4분기 세계시장에서 930만 대의 휴대전화를 팔아 9.6%의 시장점유율을 기록했다.

노키아(34.75%)와 모토로라(15.5%) 다음이다. 특히 다른 업체들의 매출이 줄어들고 실적이 악화되고 있는 데 비해 삼성전자만이 호조를 보이고 있다. 2001년과 2002년 1/4분기 출하량을 기준으로 상위 5개 업체를 비교한 결과 노키아는 1년 새 출하량이 6.2% 감소

한 반면 삼성전자는 46.2%나 증가했다.

특히 휴대전화는 브랜드 마케팅에 힘입어 노키아 제품보다 비싸게 팔리는 고가품으로 자리잡았다. 이에 따라 영업이익 측면에선 삼성 전자의 영업이익률이 27%에 달한 반면, 노키아는 21%에 그쳤다.

삼성전자는 동영상을 주고받을 수 있는 3세대 휴대전화와 컬러 모니터, 40화음 등을 채용한 제품을 개발 및 출시하는 데서도 앞서 가고 있다. PDA 겸용 스마트폰은 미국에서 큰 인기를 끌고 있다.

일부에서는 삼성전자가 노키아를 제칠 것이라는 전망도 나오고 있다. 매킨지 컨설턴트인 알록 자는 노키아를 다룬 2002년 3월 25 일자 〈비즈니스 위크〉 커버스토리에서 "노키아의 혁신성이 약해지 고 있다. 나는 삼성에서 치세대 전화기가 개발될 것으로 전망하고 있다"고 말했다.

세계 TFT-LCD 시장에서도 삼성전자는 양과 질에서 1위를 차지 하고 있다. 시장조사기관인 디스플레이 서치에 따르면 2001년 삼 성전자가 생산출하한 대형 TFT-LCD는 913만 7,000대로 세계시장 의 20.2%를 기록, 1위를 차지했다.

같은 국내업체로 2위를 차지한 LG필립스LCD의 774만 9,000대 (17.1%) 등을 합치면 한국이 1,843만 2,000대로 세계시장의 40.7% 를 차지, 일본(36.6%)을 제치고 1위로 올라섰다. 삼성전자는 유리 기판 한 개당 15인치 LCD 15장을 생산할 수 있는 5세대 LCD 생산 라인에서 2002년 9월경, LG필립스LCD에 이어 두번째로 양산에 들어간다.

기술 면에서도 그 동안 개발이 불가능한 것으로 알려졌던 40인치 LCD를 2001년 세계 최초로 개발, 양산을 시작했다. 삼성전자는 60인치급 제품개발에도 도전하고 있다.

이와 함께 컬러 모니터는 1988년 이후 14년 간 확고부동한 세계 1위 자리를 지키고 있다. 필립스, NEC 등 경쟁사보다 뛰어난 품질과 가격경쟁력을 확보하고 있다. DVD콤보는 DVD 플레이어와 비디오 녹화기능을 모두 갖춘 세계 최초의 제품으로 2002년부터 세계시장에서 선풍적인 인기를 끌었다. 2002년 DVD콤보의 인기를 바탕으로 DVD 시장에서 세계 1위를 넘보고 있다.

아날로그 제품으로 분류되는 VCR는 DVD의 출현으로 시장이 급속히 위축될 것으로 전망되지만 삼성전자는 최고의 생산효율성으로 시장점유율 1위를 유지하면서 수익성을 극대화하고 있다. 세탁기와 진공청소기 등 백색가전제품은 생활필수품으로 연평균 2~3%의 성장률을 보이며 안정된 수익원으로 자리잡고 있다. 가전사업 분야의 매출액영업이익률은 2001년 5.9%, 2002년 1/4분기 11.9%로 세계의 경쟁업체들보다 두세 배가량 높은 수준이다.

# 주식시장과 삼성전자

## 한국 증시의 바로미터

한국 증시를 이야기할 때 삼성전자를 빼놓을 수 없다. 삼성전자를 보면 지수 움직임을 알 수 있다고까지 말한다. 그만큼 삼성전자가 차지하는 비중은 크다.

삼성전자의 시가총액은 상장기업 중 1위다. 전체 상장기업의 시가총액 합계에서 차지하는 비중은 17%선에 이른다. 2위인 SK텔레콤은 삼성전자의 절반도 안 된다. 3위인 국민은행의 시가총액도 삼성전자의 3분의 1 수준이다.

이러다 보니 삼성전자의 주가가 오르고 내리는 데 따라 지수가 출렁일 수밖에 없다. 삼성전자의 주가가 각각 6.7%와 5.0% 올랐던

2002년 5월 14일과 15일의 종합주가지수는 15포인트(1.88%)와 25포인트(3.02%)씩 올랐다. 반면 삼성전자가 7.7% 하락했던 5월 10일에는 지수가 20포인트(2.47%)나 떨어졌다. 삼성전자는 한국증시의 바로미터이면서 증시 그 자체인 것이다.

사실 삼성전자는 국내 개인투자가보다는 외국인이나 기관투자가들이 주로 매매하는 종목이다. 외국인이 한국 증시에서 구성하는 포트폴리오의 1번은 삼성전자다. 한국 주식시장에서 매매하는 기관투자가 치고 삼성전자를 편입하지 않는 '바보'는 없다.

증권거래소에 따르면 외국인의 2002년 1월 하루 평균 거래대금은 8조 2,315억 원이었다. 이 중 삼성전자의 매매대금은 2조 1,670억 원에 달했다. 삼성전자의 거래대금이 외국인 전체 매매대금에서 차지하는 비중이 26.3%인 셈이다. 2월에는 26.6%, 지난 5월에는 30.8%나 됐다.

국내 기관들은 펀드당 편입비율에 묶여 더 사고 싶어도 못 산다. 펀드당 최대 편입비율은 15%로 묶여 있다. "편입비율에 제한이 없다면 삼성전자에 대한 편입비율이 50%를 넘는 펀드도 나올 것"이라고 한 펀드 매니저는 이야기했다.

편입비율 때문에 더 사고 싶어도 못 사는 펀드들은 삼성전자 우선주에까지 손을 내민다. 한국 증시는 삼성전자 천하라고 해도 과언이 아니다.

삼성전자에 외국인의 매매가 집중된다고 해서 삼성전자의 파워가 세다는 것은 아니다. 삼성전자는 외국인이 한 번 사면 잘 팔지 않는다는 데 더 주목해야 한다. 삼성전자의 상장주식 수는 1억 5,200만 주. 하루 평균 거래량은 최근 60만~70만 주를 왔다 갔다 한다.

유통주식 수는 5%도 안 된다고 전문가들은 지적한다. 대부분 장기보유하고 있다는 얘기다. 한 번 사면 잘 팔지 않고 갖고 있는 주식인 셈이다.

이 같은 경향은 삼성전자의 주주 중 외국인 비율에서도 잘 나타난다. 최근 외국인의 삼성전자 보유율은 53~55%선을 유지하고 있다. 2000년 2월 이후 50% 밑으로 떨어져본 적이 없다. 2001년 12월 6일에는 60.0%에 달하기도 했다.

외국계 펀드 중 일부가 삼성전자의 주가가 급등하자 차익실현에 나서 지분율이 내려가긴 했지만, 전체 주주 중 절반 이상이 외국인이다. 경영권방어를 걱정해야 할 상황이 올지도 모른다는 우려가 과장된 것만은 아니다.

삼성전자의 외국인 주주 중에는 상당수가 우호지분으로 분류할 수 있어 이 같은 일이 현실화될 가능성은 적지만, 상정해볼 수 있는 가정인 것은 분명하다.

삼성전자의 주식을 외국인이 마음먹고 계속 끌어모은다면 외국인 지분율이 60%를 훨씬 웃돌게 되는 상황이 벌어질 수 있다.

그렇다면 외국인들은 왜 삼성전자를 집중적으로 거래할까. 국내 시장에서 외국의 대형 펀드가 살 수 있는 주식은 사실 몇 개 안 된다. 기껏해야 20~30개 종목이다. 이 중 삼성전자는 군계일학이라고 할 수 있다. 12월 결산법인을 기준으로 할 때 2001년 전체 기업의 당기순이익 합계는 8조 9,000억 원이었다.

이 가운데 삼성전자의 순이익은 2조 9,000억 원이나 된다. 삼성전자가 낸 당기순이익이 12월 결산법인 전체가 낸 이익의 32%를 차지한다는 뜻이다. 이쯤 되면 삼성전자를 사지 않을래야 안 살 수가 없다.

삼성전자의 적정 주가는 외국 증권사마다 평가가 다르지만 평균 50만 원 정도 된다. 최근 주가가 35~45만 원을 왔다갔다 하니 그만큼 저평가돼 있다고 할 수 있다. 워버그가 삼성전자의 투자의견을 하향조정했던 5월 삼성전자의 주가는 43만 원에서 33만 원까지 단기급락했다. 이 때 거래량은 하루 평균 100만 주를 훨씬 웃돌았다. 주가하락은 33만 원대에서 멈추었고 다시 상승세를 타고 있다. 삼성전자의 주가하락을 싸게 살 수 있는 기회로 보고 매수에 나선 투자가들이 그만큼 많았다는 뜻이다. 삼성전자의 위력을 알 수 있는 대목이다.

물론 삼성전자에 대한 외국계 증권사의 시각은 미묘한 차이가 있다. 적정 주가를 60만 원 이상으로 보는 곳도 있고, 40만 원선으로 책정하는 곳도 있다.

그러나 이것은 단기적인 관점에서 봤을 때 엇갈리는 것일 뿐이다. 반도체 시장의 동향이 삼성전자의 주가평가에 영향을 미치지만, 장기적으로는 삼성전자만큼 매력적인 종목도 드물다는 평이다.

홍콩의 한 펀드 매니저는 "삼성전자는 한국 증시에서 떼어놓고 생각할 수 없는 종목이다. D램 1위 업체이지만, 그보다는 안정적인 사업구조를 갖고 있다는 데 더 큰 매력이 있다"고 말했다.

사실 삼성전자는 IMF 때도 이익을 낸 몇 안 되는 회사다. 반도체가 침체에 빠지면 통신기기에서 대규모 이익을 내고, 통신기기 시장이 가라앉으면 TFT-LCD에서 떼돈을 번다. 황금의 사업 포트폴리오를 구축하고 있어, 어떤 상황에서도 탄력적으로 대응할 수 있는 구조를 갖췄다.

이는 대부분 외국계 증권사의 애널리스트들이 동의하는 대목이다. 노무라증권의 애널리스트 시로 미코시바는 "삼성전자는 비용을 정말 효율적으로 사용할 줄 아는 업체이며 샤프나 히타치보다 제조기술이 뛰어나다. 일본 업체는 이미 2년 전에 삼성전자와 경쟁을 중단했다"라고 지적했다.

삼성전자 보고서 파문을 일으켰던 워버그 증권의 조너던 듀턴은 "삼성전자를 아직도 다른 회사기술이나 모방하는 회사로 분류해서는 절대 안 된다"고 표현했다.

애널리스트는 아니지만 유명한 경영자인 프랑스 세릭 코레사의 필립 드 샤보 라투르 사장은 "삼성은 최고의 경영진을 끌어들이는 능력도 대단하지만 장기적 안목에서 치밀히 전략을 짠다는 점에서 여느 기업과 분명히 다르다"고 말했다.

결국 삼성은 이미 세계적 기업으로 성장했고, 또 더 강해질 잠재력을 갖고 있다는 뜻이다.

이 때문에 주식시장에서는 삼성을 보험에 비유하곤 한다. 안정적으로 이익을 내는 회사는 주식투자하는 사람에게 피난처와 같다. 대우증권의 전병서 리서치센터장에 따르면 "보험을 들 듯이 주식을 사두면 언젠가는 크게 오른다는 확신을 주는 종목"이란 평까지 나온다.

특히 IMF를 거치면서 회계가 투명해지고 관계사와의 복잡한 출자관계가 정리되면서 외국인의 눈길은 완전히 달라졌다. 사실 국내 기업의 가장 큰 문제는 복잡한 출자관계였다.

삼성전자도 많은 돈을 벌었지만, 삼성자동차에 대한 출자 등 밖으로 새나가는 돈이 많았다. 외국인들은 이 같은 부문에 매우 부정적인 시각을 갖고 있었다. 그러나 회계가 투명해지고, 관계사 간 출자가 엄격히 제한되면서 삼성전자는 안으로 살이 찌기 시작했다.

통통하게 살이 오른 삼성전자를 돈냄새 맡는 데 귀신인 외국의 기관투자가들이 그냥 놔둘 리가 없다.

삼성전자의 파워는 코스닥 시장에도 파급된다. 코스닥 시장에는 '삼성전자 관련주'라는 게 있다. 벤처 및 중소업체가 주류를 이루고 있는 코스닥 시장의 특성상 부품공급업체가 다수를 차지하고 있다. 반도체관련 업체가 20~30개 정도 되지만 대부분 장비나 원료를 삼성전자에 납품하는 회사다.

핸드폰 부품업체는 매출의 거의 절반 이상을 삼성전자에 의존한다. TFT-LCD장비업체도 마찬가지다. 삼성전자의 매출동향과 투자 규모에 따라 이들 업체의 주가는 희비가 엇갈린다. 삼성전자에 딸린 회사라고 해도 과언이 아니다. 삼성전자 관련주가 100개에 육박하다 보니 삼성전자는 코스닥 시장에서도 절대적인 위력을 발휘하곤 한다.

시장 분위기도 삼성전자에 의해 좌우된다. 삼성전자의 주가가 오르면 거래소 종합주가지수가 오르고, 이 경우 코스닥 시장도 함께 상승세를 탄다. 반면 삼성전자가 떨어지면 거래소 종합주가지수도 힘을 못 받고 코스닥 시장의 하락세를 부추긴다.

삼성전자는 특히 반도체 관련업종의 주가동향에 절대적인 영향력을 행사하고 있어, 코스닥 시장의 주가동향을 사실상 좌지우지한다고 해도 과언이 아니다.

삼성전자는 이처럼 한국 증시에서 절대적 위치를 차지하고 있다. 어쩌면 한국 증시의 과제가 삼성전자의 그늘에서 벗어나는 것일지도 모른다. 그게 삼성전자나 한국 증시를 위해 바람직한 일이긴 하지만, 삼성전자의 경쟁력이 지금처럼 계속 상승세를 타는 한 한국 증시에 대한 삼성전자의 지배력은 좀처럼 줄어들지 않을 것 같다.

# 반도체 성장사

## 반도체, 삼성 신화의 시작

1996년 12월 어느 날. 서울 장충동 호텔신라에 당시 정재석 경제 부총리를 비롯, 내로라하는 정관계 인사와 재계 인사들이 속속 모여들었다. 삼성전자가 256메가D램을 세계에서 처음으로 개발한 것을 축하하는 리셉션이 열리는 날이었다.

삼성전자가 256메가D램을 일본 업체보다 앞서 세계 최초로 개발한 것은 그야말로 대사건이었다. 그 전까지만 해도 삼성전자는 국내 1위인 우물 안 개구리였을 뿐이다. 기술로는 일본에 뒤지는 2등 기업에 불과했다.

그러나 256메가D램을 일본 업체에 앞서 개발, 명실상부하게 세계 최강의 D램 메이커로 부상했다. 한국은 물론 전세계를 놀라게 한 사건이었다. 단지 D램에서 일본에 앞섰다는 것 이상의 의미도 갖는다. 그 때까지 한국이 일본을 추월한 것은 한 가지도 없었다. 심하게 말하자면 일본에 눌려왔다는 얘기다. 그러나 세계 최첨단 기술 분야에서 한국 업체가 일본도 못한 일을 해냈으니, 떠들썩한 축하연을 열 만도 했다.

축하연은 이건희 삼성그룹 회장이 환한 얼굴로 정 부총리와 함께 입장하면서 시작됐다. 호스트격이었던 김광호 삼성전자 부회장이 개발과정을 소개한 뒤 정 부총리가 축사를 하기 위해 연단에 올랐다. 키가 작은 정 부총리는 180cm가 넘는 김 부회장의 입에 맞춰져 있던 마이크를 끌어내리며 한 마디 농담을 던졌다. "마이크의 높이가 꼭 민간기업과 정부의 위상을 대변하는 것 같습니다"라고.

정 부총리의 조크로 많은 사람들의 입가에 미소가 번졌다. 그 자리에 참석했던 한 재계 인사는 "정 부총리는 어색한 분위기 때문에 농담을 던졌지만 그 말을 100% 농담으로 받아들이기는 힘들었다"라고 털어놨다.

경제정책을 총책임지는 경제부총리가 삼성전자의 위상이 정부보다도 높은 위치에 있다고 한 농담을 그 자리에 있던 사람들은 진담으로 받아들인 것이다.

삼성전자는 D램 매출에서 9년째 세계 1위의 자리를 지키고 있다. 경쟁업체들은 하나둘씩 삼성전자에 밀려 도태됐다. 경쟁자들은 쓰러지고 삼성전자는 더욱 강해진다. 삼성전자의 D램 성장사는 그러나 그렇게 순탄한 것이 아니었다. 힘들고 긴 고난의 연속이었다.

1974년 12월. 이건희 당시 동양방송 이사는 아버지인 고(故) 이병철 삼성그룹 회장에게 이렇게 말했다. "아버님, 그 건은 제가 개인적으로라도 해보겠습니다." 여기에서 말하는 '그 건'이란 국내 최초의 웨이퍼 가공업체인 한국반도체 부천공장 인수 건. 이건희 이사는 당시 반도체 사업진출이 필요하다며 부친에게 미국 캠코사가 운영하고 있던 부천 공장을 인수하자고 건의했다.

그러나 신중한 이 회장은 선뜻 단안을 내리지 못했다. 확신을 갖고 있던 이 이사가 "그렇다면 제가 직접 해보겠다"고 나선 것이다. 그로부터 며칠 후 이건희 회장은 개인 명의로 한국반도체를 사들였다. 이 곳이 삼성반도체의 정신적 '메카'로 불리는 지금의 삼성전자 부천 반도체공장이다.

그러니까 반도체에 먼저 손을 댄 사람은 이건희 회장이라고 할 수 있다. 삼성반도체의 '원조'를 굳이 따지자면 이병철 회장이 아니라 이건희 회장이라는 말이다. 그는 반도체의 중요성을 알고 이를 사업으로 연결한 한국의 '실리콘 매니아' 1호인 셈이다.

부천공장에서 만든 제품은 트랜지스터 수준의 저급 집적회로(IC)였다. 그러나 당시로서는 대단한 기술로 평가됐다. 부천공장에서 만들어진 IC는 전자 손목시계의 국산화를 가능하게 했다. 박정희 대통령은 이 시계에 '대통령 박정희'라는 이름을 새겨 외국에서 온 국빈들에게 선물하곤 했다. 한국의 첨단기술을 자랑하는 과시용이었다.

한국의 반도체 산업은 자칫 '박정희 시계'에서 명을 다할 뻔했다. 돈도 없고, 기술도 없는 한국 정부나 기업으로서는 반도체 산업에 본격적으로 뛰어들 생각조차 하지 못했다.

2차 오일 쇼크가 세계경제를 강타한 직후인 1982년 초. 고 이병철 회장은 미국과 일본을 방문하고 돌아와 중대한 결심을 하기 시작했다. 석유가 나지 않는 일본이 오일 쇼크의 충격에서 큰 타격을 입지 않는 게 이상했다. 이유는 첨단기술 산업의 발달에 있었다. 이회장은 우리도 첨단기술을 개발해야 하고, 그 핵심은 반도체라는 것을 깨달았다.

그로부터 1년이 지난 1983년 2월 8일. 이 회장은 도쿄 선언을 발표한다. 삼성그룹이 반도체 산업에 진출하겠다는 출사표를 던진 것이다. 삼성 D램의 시작이었다.

삼성이 반도체 산업에 진출하겠다고 하자 정부관리들은 펄쩍 뛰었다. 당시 경제기획원의 고위관리는 공개석상에서 "삼성이 반도체를 하겠다고 하는 것은 도대체 말이 안 된다. 사업성도 불확실한데 그 돈 많이 드는 반도체를 왜 하겠다는 것인가. 차라리 신발 산업을 밀어주는 게 낫다"라고 비난하기도 했다. 그러나 삼성은 밀어붙였다. 그 길은 고행의 연속이었다.

1983년 7월 당시 삼성전자 이윤우 개발실장은 7명의 팀원들과 함께 미국 마이크론 테크놀로지를 찾았다. 기술연수를 받기 위해서였다. 이른바 '반도체 신사유람단'이라고 할 수 있다.

이 실장 등은 온갖 박해(?)를 받았다. 사실 마이크론 테크놀로지는 삼성에 기술을 전수할 의사가 조금도 없었다. 다만, 일본 업체들이 하도 치고 나오니까, 이들을 견제하기 위해 삼성을 끌어들인 것뿐이다. 이 실장 등은 그래도 어깨 너머로 반도체가 어떻게 만들어지는지를 확인하는 것만으로도 기뻐했다.

한편으로는 미국 내에서 반도체 개발에 경험을 가진 인력들이 대거 스카우트됐다. 미국 캘리포니아 대학 이임성 박사, 자일로그사 기술센터 본부장 이상준 박사 등이 삼성에 합류했다.

그러나 반도체를 만든다는 것은 말처럼 쉬운 일이 아니다. 공장을 짓는 것 자체부터가 고도의 기술력을 요구했다. 삼성은 1983년 9월 경기도 기흥에 1공장 착공식을 가졌다. 선진국들도 반도체 공장 건설에 18개월을 잡는데, 생판 처음 공장을 지으면서 이병철 회장은 "6개월 내에 완성하라"고 명령을 내렸다.

야산을 깎고 땅을 다지는 데만도 6개월 이상을 잡아야 할 형편이었다. 삼성 사람들은 공사장 현장 곳곳에 '우리는 왜 반도체 사업을 해야 하는가' 라는 격문을 붙였다. 그리고 '아오지 탄광' 이라고 불리는 그 곳에서 기꺼이 밤을 새웠다.

공사는 하루 24시간 내내 지속됐다. 밤만 세운다고 일이 해결되는 것도 아니었다. 반도체 장비는 아주 민감하다. 조그마한 먼지나, 진동에도 오류를 일으킨다. 이런 장비를 운반해 공장에 설치하는 것도 큰 일이었다.

당시 일화 중 하나. 미국에서 사진 장비(반도체 회로를 현상하는 장비)를 들여왔을 때의 일이다. 이 장비는 충격에 무척 약해 공항에서 기흥까지 가져오는 데 무척 신경이 쓰였다. 고속으로 달릴 수 없어 시속 30km로 비상등을 켜고 조심조심 운반해왔다. 당시는 차가 그리 많지 않아 운반할 수 있었지, 지금 같으면 어림도 없는 일이다.

문제는 그 다음에 발생했다. 급하게 일을 진행하다 보니 기흥 톨게이트 지나 공장 입구까지 약 4km 구간이 비포장 도로라는 것을 잊은 것이다. 장비 운반조는 이 같은 사실을 기흥 톨게이트에 거의 다 다다랐을 때 깨달았다.

당황해서 어쩔 줄 모르는 그들 앞에 갑자기 잘 포장된 도로가 나타났다. 아침에 나올 때는 분명 울퉁불퉁한 비포장이었는데, 마술처럼 포장도로로 바뀐 것이다.

공장에 남아 있던 사람들이 길이 평탄해야 한다는 것을 알아차리고, 급하게 도로를 다지고 포장을 해버렸다. 포장된 길이 빨리 마르도록 거대한 선풍기를 동원했다. 삼성 반도체의 시작은 이랬다.

삼성이 반도체 사업 진출을 선언한 지 10개월이 지난 1983년 12월 1일 강진구 삼성반도체통신 사장은 당시 상공부와 과학기술처 기자들을 불러모았다. 그리고 '64KD램 개발'을 발표했다. 삼성이 64KD램을 1986년까지 개발한다면 성공이라고 비아냥거리던 일본 업체들은 뒤로 넘어질 듯이 놀랐다. 이것은 반도체 역사상 전무후무한 일이었다.

그 이듬해 삼성반도체통신이 상장을 위해 기업공개를 실시했다. 주식공모 때 3,346억 원의 돈이 몰렸다. 한국의 돈이 삼성반도체통신 공모에 모두 몰렸다고 평할 만큼 당시로서는 엄청난 자금이 모였다. 삼성은 이처럼 주목받았다.

그리고 그 이듬해인 1985년 1월 삼성은 256KD램을 개발하고 시제품을 제작하고 있다고 발표, 그 같은 기대에 부응했다. 세계는 한 번 더 놀랐다. 외신들은 믿을 수 없다는 반응을 보였지만 사실이었다. 삼성은 기어코 해냈다.

장미빛 같던 삼성반도체가 절체절명의 위기를 겪기 시작하는 것은 이 때부터다. 반도체의 공급과잉으로 D램 가격이 폭락했다. 개당 4달러 하던 64KD램은 70센트까지 가격이 하락했다. 만들수록 손해를 보는 형국이었다. 3,000원 하던 삼성반도체통신의 주가는 1,800원대로 폭락했다. 인텔이 D램 산업에서 손을 떼야 할 정도로 상황은 악화됐다. 그러나 삼성은 버텼다. 오히려 설비투자를 늘려나갔다.

결국 1987년이 지나면서 반도체 가격은 다시 오름세를 탔다. 그러나 이것으로 끝난 것이 아니다. 텍사스 인스트루먼트가 특허 문제를 걸고 들어왔다. 일본 업체를 겨냥해 특허소송을 제기하면서 삼성은 구색 맞추기로 끼워넣었다.

그러나 일본 업체들은 텍사스 인스트루먼트에 자신들이 보유한 특허기술을 내주며 이 문제를 해결해나갔다. 삼성은 이런 기술이 없었다. 결국 일본 업체들은 다 빠져나가고 삼성만 엄청난 로열티를 물어야 했다. 기술이 없는 삼성으로서는 참으로 억울한 일이었다.

외국 기업의 딴죽걸기는 시작에 불과했다. 삼성이 치고나오자, 견제구를 마구 던져대기 시작했다. 1992년 미국 마이크론 테크놀로지는 삼성전자 등 국내 업체를 미국 상무부에 덤핑 제소했다. 삼성전자 등이 200%가 넘는 마진율을 기록하고 있다고 주장했다.

1년 넘게 공방이 오갔고 결국 삼성전자의 마진율은 0.82%로 확인됐다. 이 어처구니없는 일로 삼성전자는 마음 고생깨나 해야 했다. 마이크론 테크놀로지가 어느 정도 삼성을 의식했는지 알 수 있는 대목이다.


"일본을 꼭 한 번 이겨보고 싶습니다." 진대제 박사는 이 말과 함께 자신을 부여잡는 IBM을 뿌리치고 삼성에 합류했다. 1985년의 일이다. 1988년에는 미국 스탠퍼드 대학에서 연구원으로 있던 황창규 박사가 역시 "일본을 이겨보겠다"며 삼성호에 탑승했다.

진대제 박사는 16메가D램을 개발했고 황창규 박사는 256메가D램을 만들어냈다. 권오현 박사는 64메가D램 개발의 주역이다. 이들은 '한국 반도체의 개척자'들이다. 국보급이라고 해도 손색이 없다. 이들 젊은 피는 오늘날의 반도체 삼성을 만드는 데 절대적인 역할을 했다.

사실 일본 업체는 삼성뿐 아니라 한국경제가 넘어야 할 거대한 산이었다. D램 산업은 적자생존의 원칙이 철저하게 지켜진다. 살아남아 더 강해지든지 아니면 죽든지 둘 중 하나의 선택만이 있을 뿐이다. 일본 업체는 강력한 라이벌 정도가 아니라 무찔러야 할 적이었다.

삼성전자가 256메가D램을 개발한 직후인 1995년 12월 국내 일간 신문엔 이색적인 광고가 실렸다. 삼성전자의 256메가D램 개발을 축하하는 광고였는데, 구한 말의 문양을 새긴 태극기가 실렸다. 김광호 부회장은 왜 옛날 태극기를 썼느냐고 기자가 질문하자 씩 웃으며 "적어도 D램에 있어서는 한국과 일본의 관계가 평등했던 구한 말 이전의 상태로 돌아갔다는 것을 암시하기 위해서 썼다"고 말했다. 그만큼 일본 업체는 눈엣가시 같은 존재였다.

삼성전자는 반도체의 성장을 자양분으로 세계적 기업으로 성장했다. 삼성의 반도체 역사는 개척자 정신이 없었으면 도저히 이루지 못할 위업이다.

삼성은 이제 반도체 분야에서 제2의 도약을 준비 중이다. 메모리에 편중된 사업구조를 바꿔 메모리와 비메모리 모든 분야에서 세계 제일을 꿈꾸고 있다.

# 재계를 이끄는 '삼성 출신'

**4 CHAPTER**

## 그들은 일을 할 줄 안다

사람에 몸값이 매겨지는 시대다. 능력 여하에 따라 몸값은 달라진다. 같은 기업 내에서도 능력에 따라 연봉은 큰 차이를 보이지만, 다른 회사로 옮기는 사람들도 마찬가지다. 능력은 모든 것에 우선하는 절대적 기준이다.

그래서 스카우트를 하거나, 회사를 옮기는 경우 능력을 객관적으로 평가하거나 입증시키는 것은 매우 중요한 일이 됐다. 그러나 이것을 객관적으로 설명하거나, 설득하는 것은 매우 어려운 일 중 하나다.

한 헤드헌터 업체 사장은 "결국 개인이 가진 커리어를 중심으로 평가하는 것이 가장 객관적인데, 적어도 삼성 출신이라고 하면 한 수 접어준다"고 말한다. 특히 삼성에서 임원을 역임했다고 하면, 그 사람의 능력은 입증된 셈이라고 지적한다.

'삼성 출신'이라는 네 글자가 그 사람의 능력을 보증(gurantee)한다는 것은 매우 이상한 일이다. 개인의 자질이 아닌, 그 조직에 있었기 때문에 능력이 입증됐다고 말하는 것은 논리적으로 매우 비약된 것처럼 보인다. 그러나 삼성이라는 조직을 꼼꼼히 뜯어보면 분명 일리가 있는 지적이기도 하다.

얼마 전 조흥은행장이 교체될 때의 이야기다. 위성복 행장 후임의 자리에 누가 오느냐가 관심을 끌던 시기였다. 위 행장의 후임으로 재정경제부나 금감원 출신이 내정됐다는 소문이 그 전부터 돌아 결국 관치인사로 다시 돌아가는 것 아니냐는 우려와 비판이 소리가 높던 때였다.

어느 날 저녁 기자의 핸드폰이 울렸다. 조흥은행장 후임으로 민간 금융기관 출신이 임명될 것 같다는 소문이 돈다고 누군가 귀띔해주었다. 민간금융기관 출신이라면 삼성 출신이 아니겠느냐고 덧붙이기도 했다. 관계나 금융계가 아닌 민간기업인이라는 가정 하에서는 삼성 출신을 가장 먼저 떠올린 것이다. 결국 사실이 아닌 것으로 판명되긴 했다. 그러나 삼성 출신의 경쟁력은 이처럼 높게 평가받는다.

삼성전자만 봐도 간단히 알 수 있다. 삼성전자는 자타가 공인하는 세계적 기업이다. D램 분야에서는 부동의 세계최고다. 휴대전화와 통신기기 분야도 세계 톱 클래스에 들어 있다.

가전 역시 디지털을 화두로 대변신을 추진 중이다. 변화의 목표점은 분명 '월드 톱(world top)'이다. 홈 시어터(home theater) 등 새롭고 복합적인 첨단시장에서 두각을 나타내기 시작, 세계 톱 클래스에 진입하고 있다.

삼성전자의 이런 위상은 저절로 만들어진 게 아니다. 그 에너지는 사람에서 나온다. 고 이병철 회장의 경영철학 중심에는 '사람'이 존재한다. 이 회장은 '인재 제일'을 주창했다. 이 회장이 '1등주의'를 시종일관 주창할 수 있었던 것은 그것을 만들어낼 수 있는 인재를 확보하는 데 주저하지 않았기 때문이다.

삼성은 한국에서 가장 먼저 공채제도를 도입해 국내 인재를 끌어모았다. 그래서 삼성에는 우수한 인력이 풍부했다. 삼성은 예나 지금이나 엘리트의 집합소다.

물론 아무리 우수한 인력이 많다고 해도, 오늘날의 삼성전자와 같은 기업이 저절로 탄생할 수는 없다. 좋은 쌀로 밥을 짓는다고 해서, 밥맛이 꼭 좋다는 보장이 없는 것과 마찬가지의 이치다. 그 인력들이 최대한의 힘을 발휘할 수 있도록 해야 한다. 또 시너지 효과도 내야 한다.

이는 기업이 사람이 아니라 시스템으로 작동된다는 것을 의미한다. 우수한 인력들이 시스템에 의해 움직이고, 그 시스템을 효율화하는 노하우를 끊임없이 개발하는 과정에서 오늘날의 삼성전자가 탄생했다고 할 수 있다.

삼성에서 일을 했다면, 그 사람은 자질이 우수하고, 시스템에 의

한 업무를 할 줄 안다는 것을 의미한다. 그래서 삼성 출신은 재계, 금융계에서 성공한 사람이 많다.

삼성 출신으로 CEO급 자리를 차지하고 있는 재계 인사로는 손병두 전경련 상근부회장, 이명환 동부그룹 부회장, 안재학 코엑스 대표이사 등을 꼽을 수 있다. 금융계에는 홍성일 한국투신 사장, 조성상 전대한투신운용 사장 등이 삼성 출신이다.

단일 그룹 출신으로는 가장 많은 인력이 한국의 메인스트림에 자리잡고 있다. 그 밖에 임원으로는 셀 수 없을 만큼 많은 사람들이 삼성 출신이라는 수식어를 달고 다니며 각 기업의 주요 포스트에서 일하고 있다.

좀 과장되게 말하자면 '삼성 출신'이라는 커리어가 어떤 학력보다도 더 좋은 점수를 얻을 수 있는 백그라운드가 된다. 삼성 출신이 재계와 금융계의 메인스트림을 차지하는 이유는 매우 복잡하다.

한 재계 인사는 이를 "그들은 열심히 일하며, 일을 할 줄 알고, 또 잘 하기 때문"이라고 정리했다. 또 다른 재계 인사는 "삼성에서 임원을 역임했다면 이는 능력 면에서 검증이 끝난 사람"이라며, "전문경영인제도가 제대로 정착돼 있다면, 삼성 출신 CEO가 엄청나게 많을 것"이라고 지적했다.

사실 삼성그룹은 '관리의 삼성'이라는 평을 들어왔다. 그만큼 관리능력이 뛰어나다. 우수한 인력을 뽑고, 이들을 적재적소에 배치하는 노하우가 국내 다른 기업보다 상대적으로 뛰어나다. 또 그룹 내에 부정이라는 단어가 존재하지 않도록 철두철미한 조직원관리가 이뤄지고, 업무성과에 대한 평가 시스템도 상대적으로 효율성이 있다는 평을 듣는다.

또 삼성사람들은 조직에 대한 로열티(충성심)가 높은 것으로 유명하다. 삼성에서 고위임원으로 오른 사람들의 특성은 '얼굴 없는 삼성인간'이라는 점이다. 이들은 사실 24시간 일한다. 7시 출근, 4시 퇴근이 처음 시행됐을 때 가장 당황한 사람들은 고위임원들이었다.

새벽에 출근했다가 한밤에 퇴근하는 게 일상화됐는데, 해가 지기 전인 오후 4시에 퇴근한다는 것은 말이 안 되는 소리였다. 그래서 호텔을 잡아놓고 오후 4시가 되면 호텔 방으로 가서 일을 하는 사람도 있었다. 물론 강제된 것이 아니었다. 삼성사람들은 이렇게 열심히 일한다.

그 밖에 경영진이 가장 껄끄럽게 생각하는 노조에 대해서도 삼성 출신은 비교적 자유롭다. 노조가 없는 조직에서 근무했기 때문에 노조보다는 경영진의 생각을 충실하게 이행하는 게 삼성 출신의 특성 중 하나다.

그러나 무엇보다도 삼성 출신이 재계에서 환영받는 것은 1등이 무엇인지 아는 조직에 있었던 사람이라는 점이다. 삼성의 경영목표는 항상 1등주의에서 출발한다. 1등이 되기 위해, 또 1등의 자리를 지키기 위해 피나는 노력을 한다. 그래서 삼성 출신은 지향점이 분명하고, 치밀하게 접근해나간다는 평을 받는다. 삼성 출신에게 맡기면 믿을 수 있다는 지적이 나오는 이유이기도 하다.

삼성 출신은 최근 재계에서 또 다른 메인스트림을 형성하고 있다. 과거에는 관리 분야에서 출중한 CEO와 임원들이 배출됐다면, 최근에는 벤처업계에서도 돌풍을 일으키고 있다.

벤처 CEO 모임 중 'SDS4U.COM'이란 것이 있다. 이 모임은 삼성SDS 출신으로 벤처기업을 경영하고 있는 70여 명의 벤처 CEO로 구성됐다. 기업 출신 모임으로는 가장 큰 규모다. 넥스존 강성진 사장, 네이버컴 이해진 사장, 한게임 김범수 사장, 파텍21 김재하 사장, 셀피아 윤용 사장 등 벤처업계에서 내로라하는 CEO들이 멤버다. 엔써커뮤니티의 최준환 사장, 시스게이트 홍성완 사장, 뉴소프트기술 김정훈 사장, 게임엔터프라이즈닷컴 이도용 사장, 엔젤소프트 김영기 사장 등도 주요 멤버다.

여성 벤처기업가로 활약하는 이들 중에는 인포구루의 조남주 사장, 디자인스톰의 손정숙 사장 등이 있다.

코스닥에 등록된 벤처업체 사장 중에도 삼성 출신은 다수를 차지한다. 씨앤에스테크놀로지 서승모 사장(삼성반도체 메모리칩 설계팀장 역임), 에스넷시스템 박효대 사장(삼성SDS 사업부장), 한솔창업투자 이순학 사장(삼성그룹 비서실·한솔그룹 구조조정본부장), 옥션 이금룡 사장(삼성물산 인터넷사업부 이사), 네오위즈 최항석 사장(삼성전자 무선사업부 휴대전화 상품기획책임), 델타정보통신 이왕록 사장(삼성SDI LA지사장), 코아정보시스템 심동진 사장(삼성전자) 등이 삼성 출신이다.

또 장외기업 중 네띠앙의 홍윤선 사장, 프리챌 전제완 사장 등이 삼성그룹 계열 출신이다. 커뮤니티 포털로 인터넷 업계에 진출, 빠른 성장을 보이고 있는 프리챌(구 자유와 도전)의 전제완 사장(37)은 서울대 경영학과를 졸업하고 창업 전까지 10여 년을 삼성물산과 그룹 비서실 인사팀에서 근무했다. 3회의 특진에다 삼성그룹 선정 제1회 자랑스런 삼성인상을 수상하기도 한 전 사장은 그냥 회사에 남아 있었으면 삼성 계열사의 전문 경영인으로 CEO 한 자리쯤 차지하는 것은 문제 없었을지도 모른다. 하지만 창업 당시 회사명에서도 알 수 있듯이 「자유와 도전」은 그의 기업 철학이기도 하다.

지난 1997년 삼성SDS의 사내벤처인 네이버포트가 독립해 생긴 네이버컴의 이해진 사장(34)은 상문고와 서울대 컴퓨터공학과, 한국과학기술원(KAIST)을 졸업했다. 그 후 삼성SDS에 입사해 네이버컴의 전신인 네이버포트의 소사장을 역임했다.

정장보다는 캐주얼을 즐겨 입는 그는 언뜻 약해보이는 외형과는 달리 속내는 강한 전형적인 외유내강형의 CEO다. 지극히 논리적인 점이 장점이라 한다면, 한 가지를 생각하면 푹 빠지는 성격이 단점 아닌 단점이라는 게 주위 사람들의 평가다.

네띠앙의 홍윤선 사장(38)은 대일고와 인하대 컴퓨터공학과를 졸업한 후 동서증권에서 지수, 선물, 채권, 투자, 기업분석 서비스 기획일을 하던 기술 분석가다. 그는 동서증권에서 나와 삼성SDS 유니텔 사업부(현 유니텔)에서 마케팅 책임자를 역임하기도 했다.

삼성 출신의 벤처기업인이 늘고 있는 것에 대해 한 벤처업계 관계자는 "삼성의 1등주의는 삼성을 우수인력의 집합체로 만들었고, 삼성이라는 조직에서 기업경영의 확실한 노하우를 습득한 인재들이 독자적인 길을 걷는 것"이라고 말했다.

　특히 삼성 출신 벤처CEO들은 삼성에서 배운 시스템적인 경영기법을 적용, 기술 하나만을 믿고 창업하는 다른 벤처업체보다 성공할 확률이 높다는 평이다. 삼성 출신이 재계뿐 아니라 벤처업계에도 메인스트림을 형성하며 국내 산업계의 중요한 축으로 부상하고 있는 것이다.

## 5 CHAPTER

# 삼성전자의 미래 비전

## 2010년 세계 3위권 목표

삼성은 2002년 4월 20일, 전자계열사 사장단 회의에서 오는 2010년까지 '디지털 컨버전스 혁명을 주도하는 회사'가 될 것이라는 비전을 선포하고 동시에 세계 IT전자업계 3위권 내에 진입한다는 목표도 발표했다.

윤종용 부회장은 "컨버전스(융복합) 네트워크 시대가 다가오고 있다. 또 하드웨어에서 서비스, 솔루션으로 부가가치가 이전되고 있다"며 이 같은 비전 설정의 배경을 설명했다. 단품에서 네트워크 제품으로, 하드웨어에서 서비스, 솔루션으로 사업의 중심을 옮긴다는 게 삼성전자의 비전이다.

휴대용 PC이면서 휴대전화, MP3 기능 등이 결합된 '넥시오', 휴대전화에 개인휴대정보단말기(PDA) 기능이 첨가된 '스마트폰'과 같은 디지털 컨버전스 제품시장이 대폭 확대될 것이라는 예상이다. 메모리, 비메모리, LCD 등 핵심부품에서의 경쟁력을 기반으로 휴대전화, 디지털 TV 등으로 1위 사업을 늘려간 뒤, 이를 바탕으로 모바일 네트워크, 홈 네트워크, 오피스 네트워크 사업을 강화한다는 전략이다.

정보통신 분야는 휴대단말기, 통신시스템, 네트워크 부문을 모바일 네트워크 사업으로 고도화한다는 방침이다. 가전 분야는 디지털 TV, 디지털 비디오, 컴퓨터, 인터넷, 냉장고, 세탁기, 전자레인지 등 생활가전 제품을 통신분야 기술과 접목, 홈 네트워크 사업으로 발전시켜나갈 계획이다.

세계 최고의 기술력과 시장지배력을 갖고 있는 TFT-LCD, PDP, 유기 EL 등 디스플레이 기반 기술과 사업역량이 축적된 프린터 사업을 결합, 오피스 네트워크 분야의 새로운 강자로 부상한다는 전략이다. 여기에다 한 발 더 나아가 언제 어디서든지 네트워크에 연결할 수 있는 유비쿼터스 네트워크 사업도 모색중이다.

이미 모바일, 홈 · 오피스 네트워크 등 삼성전자의 향후 전략사업을 실현하기 위한 태스크포스 조직으로 전략기획 그룹과 디지털 컨버전스팀, 벤처사업팀, 콘텐츠사업팀 등 200여 명으로 구성된 디지털 솔루션 센터(DSC)를 2002년 설립했다.

디지털 미디어와 통신 등 각 사업부문의 융복합화를 통해 시너지 효과를 낼 수 있는 혁신적인 사업과 제품 개발방안을 연구 중이다.

특히 삼성전자는 이러한 3대 네트워크 사업을 메모리, 시스템 LSI, TFT-LCD 등 핵심부품 사업이 강력히 지원하고, 때로는 시스템 제품의 솔루션을 제공하는 사업 역량을 구축함으로써 미래사업 역량을 키워낸다는 전략이다.

반도체 사업은 이 같은 미래시장의 변화를 따라갈 수 있도록 하는 핵심적인 역할을 하게 될 전망이다. 우선 삼성전자는 디지털 컨버전스 제품개발을 뒷받침하기 위해 솔루션을 제공하는 비메모리 반도체 사업을 강화하는 방안을 추진하고 있다. 데이터를 저장하는 D램 등 메모리와는 달리 비메모리는 자료의 처리와 시스템 운용 등을 담당하는 핵심 반도체다.

임형규 비메모리부문 사장은 "제조업의 중심축이 중국으로 넘어가더라도 각종 부품의 핵심인 비메모리 반도체 기술을 보유하고 있어야 국내 산업이 버틸 수 있다"고 말한다. 시장 규모가 메모리의 3배 수준에 달해 성장 여력이 있고 가격등락이 메모리만큼 심하지 않다는 점에서 과도한 메모리 의존도를 낮출 수 있는 측면도 있다.

이 때문에 이건희 회장은 "비메모리는 더 확장하고 더 깊이 들어가야 한다"고 늘 강조한다.

삼성전자는 모바일용 CPU, 이동통신용 칩, 디스플레이용 칩 등 유망한 핵심 칩 기술을 독자적으로 확보하고 세계최고수준으로 높여나갈 계획이다. 하나의 칩이 시스템 역할을 하는 SOC(시스템온칩)가 확산되는 추세에 발맞춰 연구소를 세우는 등 SOC 사업을 대폭 강화한다는 전략이다.

임형규 사장은 "삼성전자가 생산하는 전제품을 커버할 수 있도록 주요 제품의 비메모리 기술을 손에 쥘 것"이라며, "비메모리는 한두 번 실패했다고 중단할 수 없는 일로 2010년을 위한 준비라고 보면 된다"고 말했다. 2005년까지 50억 달러로 늘려 세계 5위권에 진입하는 게 비메모리 사업의 목표다.

메모리 사업은 플래시메모리, S램, 복합 칩 등의 사업을 늘려 가격변동이 극심한 D램에 대한 과도한 의존에서 탈피하는 한편, D램도 범용에서 고부가가치 제품으로 무게중심을 옮긴다는 전략이다. 플래시메모리는 휴대전화, 디지털 카메라, 디지털 캠코더 등에 들어가는 메모리로 메모리 중 가장 고성장이 예상되는 분야.

최근 IT 산업 불황에도 불구하고 연평균 54%의 성장을 예상하고 있다. D램과 S램 세계 1위인 삼성은 이 분야까지 장악해 메모리 분야의 주도권을 강화한다는 전략이다. 디지털 카메라 등에 들어가는 NAND형 플래시메모리 시장에서는 이미 도시바를 제치고 1위를 차지했고 인텔, AMD 등이 장악하고 있는 휴대전화용 플래시메모리(NOR형) 시장에도 도전할 계획이다. 이를 통해 S램과 플래시메모리의 비중을 2005년까지 전체의 50%로 높일 예정이다.

D램은 서버 · 워크스테이션 · 노트북 · 그래픽용 고부가가치 제품을 늘리고 차세대 휴대전화, 초소형 디지털 카메라, 주문형 게임기 등 다양한 제품에 적합한 '솔루션 D램'으로 사업을 확대한다는

전략이다. 2005년경에는 이 같은 '솔루션 D램' 사업비중이 범용 D램과 같은 수준이 되도록 할 계획이다.

회로선폭을 나노 수준으로 줄이는 반도체 공정기술과 실리콘 이외에 갈륨아세나이드(GaAs) 등 새로운 화합물을 소재로 하는 미래형 반도체 개발도 추진하고 있다.

현재 90나노 핵심기술을 확보하고 2004년 양산에 적용할 계획이며 50나노 이하급 기술도 연구 중이다. 또한 생명공학에 전자기술을 접목시키는 바이오칩 등도 미래사업으로 보고 연구소 단위에서 기술을 발전시키고 있다.

지난 2000년 11월 삼성전자는 이 같은 비전을 '디지털 e컴퍼니'라는 타이틀로 발표했다. 개발에서 핵심기술과 부품 확보, 판매에서는 마케팅력 강화, 공급사슬 전체에서의 스피드와 비용 극소화 등을 위해 사업구조를 디지털 중심으로 재구축하고 경영 프로세스를 e-체제로 전환해 고객의 삶의 가치와 행복을 실현한다는 것.

차세대 핵심사업인 모바일 네트워크, 홈 네트워크, 오피스 네트워크, 핵심부품 등 4대 솔루션 사업을 중심으로 체제를 개편하고 사업구조를 재구축하며 여기에 강력한 경영혁신을 결합시킬 것이라는 설명이다.

삼성전자는 디지털 e컴퍼니로의 변신이 성공적으로 이루어질 경우 2005년에 매출액 80조 원, 이익 12조 원, 매출이익률 15% , 브랜드 가치 150억 달러가 실현될 것이라고 전망했다.

삼성전자는 디지털 중심의 사업구조 개편과 함께 기업문화를 '시장지향 기업'으로 바꾸는 '마켓 드리븐 컴퍼니'화도 적극 추진하고 있다. 마케팅 역량을 제고하고 시장을 지향하는 프로세스를 정립하며 시장지향 조직과 문화를 정착시켜 세계 1군의 브랜드와 수익성을 낼 수 있는 기업으로 변화한다는 비전이다. 이를 통해 2005년 80조 원의 매출을 올리는 세계 최고수준의 기업으로 거듭나겠다는 것.

윤종용 부회장에 따르면 "전자산업과 소비자 트렌드에 급격한 변화가 일어나고 있는 디지털 컨버전스 시대에서는 제조 중심의 체질로는 생존을 보장할 수 없기 때문에 시장의 변화와 고객의 요구를 정확히 읽고 소비자의 다양한 요구를 충족시켜주는 시장지향 기업으로 전환하겠다"는 것이다.

삼성전자는 이 같은 장기계획에만 미래를 걸고 있지는 않다. 당장 1년 뒤 예상도 틀리기 십상인데, 5년 후 또는 10년 후 시장이 당초 생각한 대로 움직이고 계획이 척척 맞아들어가리라고는 아무도 장담할 수 없다. 그래서 삼성전자를 포함한 삼성은 '사람'에서 진정한 미래 비전을 찾는다.

이건희 삼성 회장이 2002년 5월 15일 〈한국경제신문〉과의 인터뷰에서 "삼성전자의 미래상을 어떻게 잡고 있냐"는 질문에 답한 내용에서 이를 엿볼 수 있다.

"10여 개의 세계 1등 제품을 갖고 있지만 산업구도가 달라지면 어떻게 될지 장담할 수 없습니다. 그래서 몇 년 전부터 앞으로 5~10년 뒤에 뭘 먹고 살지를 계속 고민해왔고, 작년부터는 그룹의 CEO들에게도 미래를 준비하자고 얘기하고 있습니다. 그리고 21세기는 무엇보다 지적 경쟁력이 중요한데 지난 20세기가 경제전쟁이라면 21세기는 두뇌전쟁이 될 것입니다. 앞으로 국가나 기업 간의 국제경쟁은 결국 인적 자원의 질이 결정하게 될 것입니다. 따라서 미래 준비를 위해서 가장 필요한 것이 사람과 기술이라고 보고 연구개발, 마케팅 등 각 분야의 우수한 인력을 국적에 상관없이 확보해나가고 첨단기술을 개발하는 데 관심을 기울이고 있습니다."

미래 비전을 우수인력 확보에서 찾는다는 대답이다. 그래서 삼성은 5년, 10년 후 명실상부한 초일류로 도약하기 위해 미래를 책임질 인재를 조기에 발굴하고 체계적으로 키워내는 데 노력을 집중하고 있다. 삼성의 인재전략 중 첫번째는 국적을 불문하고 세계적인 우수인력을 채용한다는 것.

해외 우수대학에 있는 한국계 유학생들은 물론, 현지인력을 저인망식으로 훑을 계획이다. 주요 채용분야는 연구개발, 마케팅, 금융, 디자인, IT 등 선진국에 비해 뒤진 분야가 우선이다. 매년 인사담당 임원이 해외채용에 나서는 것으로 만족하지 않고 CEO들이 직접 챙기기로 했다.

또 같은 나라에서도 다른 지역으로의 이전을 꺼리는 외국인들의 특성을 감안, 주요 거점 이외 지역에도 해외 연구소를 추가로 설립할 방침이다. 또 중국, 인도, 러시아처럼 우수인재가 많고 기초과학

이 강한 나라의 인재들을 선발해 국내에 유학시키는 제도도 확대운
영하기로 했다.

삼성은 이와 함께 기존 핵심인력의 국제화도 적극 추진하기로 했
다. 임직원들에 대해 외국어 교육과 이문화적응 교육 등을 강화하
기로 했다. 또 해외 지역전문가, 해외 MBA, 각종 직능연수 등으로
매년 350명씩 선발하던 것을 1,000명으로 크게 늘릴 예정이다.

세번째 전략은 재능 있고 끼 있는 인재를 조기에 양성한다는 것.
현행 입시 위주 교육으로는 인재를 키우기 힘든 만큼, 이들이 제대
로 성장할 수 있도록 직접 지원하겠다는 복안이다. 이미 소프트웨
어 멤버십, 디자인 멤버십 등으로 고등학교, 대학교 재학생 800여
명을 배출했는데, 앞으로 인재육성 프로그램을 더욱 확대한다는 계
획이다.

# SAMSUNG RISING

## 제 2 부

## 삼성전자 왜 강한가

# 이건희 회장의 오너십

## 강한 카리스마, 뛰어난 통찰력

삼성전자가 초일류 기업으로 성장하는 데는 여러 요인들이 복합적으로 작용했다.

그 중 전문가들이 으뜸 요인으로 꼽는 것은 이건희 회장의 강력한 오너십이다. 대부분의 경영학자들은 "오너십이 기업운명을 좌우한다"라는 롤프 H. 칼슨의 말에 공감한다.

이 회장이 어눌한 말과 단순한 몸짓으로 삼성전자를 기민하게 움직일 수 있었던 것은 오너십이 뒷받침됐기 때문이다. 위기를 기회로 활용, 경쟁력을 높일 수 있었던 것도 오너십이 적절히 작용했기 때문이다. 삼성에서 오너십이 제때 제대로 발동되지 않았다면 사업 위험이 큰 반도체 사업을 꽃피울 수 없었을 것이다.

이 회장은 최근 들어 차별화를 통해 미래를 준비할 것을 당부하는 '준비경영'을 주창하고 있다. 계열사 사장들도 초긴장하고 있다. 웬만해선 세세한 경영에 일절 간섭하지 않던 이 회장이 계열사의 약점을 직접 챙기고 있기 때문이다.

이 회장이 신라호텔 경영진을 최근 전격적으로 교체한 것은 경영 전반의 감사 결과가 아니라 자신이 직접 현장에서 느낀 약점을 보완하기 위한 조치였던 것으로 알려졌다.

이 회장은 사전 통보 없이 신라호텔에 머물며 현장 구석구석을 둘러봤다. 세계 초일류 호텔로서 손색이 없는지 살펴본 것이다. 당시 신라호텔은 이 회장으로부터 적지 않은 지적을 받았다.

외국인 VIP를 만족시킬 수 없는 서비스라는 것이 이 회장 지적의 핵심이었다.

이 회장은 이 같은 방식으로 전체 조직에 긴장감을 불어넣는다.

| 삼성전자의 위상변화 | | | |
|---|---|---|---|
| 구분                연도 | 1999년 | 2000년 | 2001년 |
| 〈포브스〉 선정 세계 기업순위 | 111위 | 94위 | 70위 |
| 〈포천〉 선정 세계 기업순위 | 207위 | 131위 | 92위 |
| 〈아시아 위크〉 선정 아시아 대기업순위 | 37위 | 28위 | 22위 |
| 〈아시안 비즈니스〉 선정 가장 존경받는 기업순위 | | 9위 | 2위 |
| 〈비즈니스 위크〉의 브랜드 가치 평가 | 등 외 (75위 이하) | 43위 (52억 달러) | 42위 (64억 달러) |

삼성 계열사 사장들은 어떤 사안이든지 가볍게 보지 못한다. 어디에서 불똥이 튈지 예측할 수 없다. 다른 회사 경영자보다 생각을 두세 배 많이 해야 한다. 그래서 나온 게 이른바 다양한 경제상황을 예측해서 만든 시나리오 경영이다.

## 준비경영

이 회장은 한국 경제가 중요한 시점에 있을 때마다 특유의 위기의식을 통한 타개책을 제시해왔다. 지난 1988년 그룹 회장 취임 이후 위기의식과 인식의 전환을 강조하며 '제2창업'을 선언했다. 이어 1993년에는 '질(質) 중시 신경영'으로 세계 일류 경쟁력을 확보하기 위한 변화의 필요성을 역설했다.

당시 이런 움직임은 재계와 사회 전반으로 확산되면서 상당한 반향을 일으켰다. '이건희 신드롬'으로 불린 삼성의 신경영은 우리 기업이나 사회에 만연한 외형 중시의 양적 사고를 품질과 기능을 중시하는 질 중시의 사고로 전환시켰다.

삼성이 성공적으로 구조조정을 할 수 있었던 것도 다른 기업에 비해 위기를 빨리 간파했기 때문이다. 이 회장의 신경영은 외환위기 이후 한 발 앞선 구조조정의 원동력이 됐다.

삼성은 외환위기가 터지자 이 회장의 구조조정에 대한 확고한 의지를 바탕으로 구조조정본부가 중심이 돼서 신속하게 몸집을 줄이면서 핵심역량을 강화했다.

삼성의 각 계열사가 사상 최대 실적을 올리고 있는데도 불구하고 이 회장은 "현재의 실적에 자만하다가는 언제든지 위기에 빠질 수 있다"며 위기의식을 재차 강조하고 있다. 그래선지 10년 뒤에 무엇을 할 것인지 진지하게 고민하고 대비할 것을 당부한다. 1등 기업이 가질 수 있는 자만심을 경계하기 위해 다양한 주문을 하고 있는 것이다.

이 회장은 반도체, 휴대전화, TFT-LCD 등을 중심으로 한 삼성제품의 수출 비중이 국가 전체 수출의 15% 이상으로 높아짐에 따라 어떻게 미래를 대비하느냐가 국가 장래에 미치는 영향이 커졌다는 점을 강조한다.

## 인력 중시 경영

"우수인력 한 사람이 10만 명을 먹여살린다." "바둑 1급 열 명이 힘을 모아도 바둑 1단 한 명을 이길 수 없다."

이 회장이 최근 던지는 화두는 핵심인력 영입이다. 기술이 기업의 경쟁력을 좌우한다는 것이다. 일단 인력을 영입했으면 최고의 대우를 해주고 최대한 활용하라고 주문한다. 영입한 우수인력을 따돌리는 사태가 빚어지면 이 회장은 불같이 화를 낸다.

이를 상징적으로 보여주는 것이 1990년대 초반의 '후쿠다보고서 사건'이다. 디자인 전문가인 일본인 후쿠다 씨를 고문으로 영입하고도 삼성전자 경영진들은 그의 조언을 무시했다.

후쿠다 씨는 이를 비판하는 보고서를 작성했고, 우연히 이를 본 이 회장이 불호령을 내렸다고 한다. 그 후부터 삼성전자는 영입 인사들이 최상의 환경에서 일할 수 있도록 세심하게 배려했다.

삼성전자가 '엔지니어 천국'으로 불리는 데는 다 그만한 이유가 있는 것이다. 삼성전자는 1,500명의 박사급 인력을 보유하고 있다. 서울대보다 박사 수가 많다. 그런데도 이 회장은 만족하지 않는다.

지난 2000년 11월 일본 오키나와에서 열린 삼성전자 사장단 회의에서 박사급 핵심 인력을 3,000명까지 늘리도록 지시했다. 디자인 전문인력을 확보할 것도 당부했다. 이 회장은 특히 기술자는 자존심을 세워주는 곳에서 일한다는 점을 명심하라고 강조했다.

최근에는 국적에 상관없이 인재를 채용하고 석·박사 인력을 매년 1,000명씩 늘리도록 지시했다. 자신이 직접 주재한 '인재전략 사장단 워크숍'을 열고 재능 있고 끼 있는 인재의 조기 양성 등을 과제로 정했다.

이 회장은 "21세기는 탁월한 한 명의 천재가 1,000명, 1만 명을 먹여살리는 인재경쟁 시대, 지적 창조력의 시대"라며, "5~10년 뒤 명실상부한 초일류로 도약하기 위해서는 미래를 책임질 인재를 조기에 발굴하고 체계적으로 키워내야 한다"고 강조했다.

삼성은 이에 따라 미국, EU, 일본, 중국 등 주요 거점에 연구소 설립을 확대하고 연고지를 떠나기 싫어하는 현지 우수인재의 채용을 늘릴 예정이다.

## 자율경영 철학

'의인불용 용이불의(疑人不用 用而不疑).' 미덥지 못하면 맡기지 말고, 썼으면 믿고 맡겨라. 이건희 회장은 회사 경영에 거의 간섭하지 않는다. 물론 위기의식을 불어넣어야 할 필요가 있을 땐 예외다.

거침없이 말을 쏟아낸다. 고 이병철 회장 시절부터 정착된 자율경영 관행은 이건희 회장에 와서 한층 강화됐다.

그래선지 삼성 내에서는 '총수의 전횡'이란 푸념을 들어보기 어렵다. 그렇다고 그에게 카리스마가 없는 것은 결코 아니다. 오랜 침묵을 깨고 던진 회장의 한 마디는 곧바로 새기고 실천해야 하는 훈수가 되곤 한다.

삼성 사장들은 이 회장 말은 쉬운 듯 어렵다고 말한다. 1993년 신경영 때도 그랬다. 이 회장은 삼성전자를 말기 암환자에 비유했다. 회사의 미래를 생각하면 잠이 오지 않는다고 했다. 당시 삼성전자는 한창 잘 나갈 때여서 주위에선 고개를 갸우뚱했다.

이 회장은 한심하게 생각했다. 3만여 명이 제품을 만들고 6,000명이 애프터서비스를 하는데 무슨 경쟁력이 있겠느냐는 것이다.

"불량을 줄여야 산다." 불량을 줄이면 적은 수의 AS맨으로 완벽한 서비스를 할 수 있기 때문이다. 이 회장은 이런 생각을 "마누라와 자식을 빼고 모두 바꾸라"는 말로 대신했다.

삼성전자를 총괄하는 윤종용 부회장(당시 VTR 사업부장)은 20년 전 수원공장에서 들은 이건희 회장(당시 그룹 부회장)의 지시사항을 적은 수첩을 아직도 지니고 있다.

수첩의 메모를 수시로 살펴보며 이 회장의 전략과 지침을 경영에 반영하려는 노력을 오랫동안 지속해온 셈이다.

반드시 고려해야 할 원칙을 경영전략에 반영하기 위한 것이다. 이 회장은 그런 경영자상을 원한다. 자질과 자세를 갖춘 경영자에게는 전권을 준다. 구조조정본부 이학수 사장이 그 동안 확실한 역할을 할 수 있었던 것도 이 회장의 신뢰가 있었기에 가능했다.

이학수 사장은 이 회장의 경영관이 각 계열사의 경영에 적절히 반영될 수 있도록 노력했다. 이 회장이 믿고 맡긴 덕분에 이 회장의 손발 역할을 무난히 할 수 있었던 셈이다.

### 과감한 투자 결정

반도체를 빼고는 삼성전자를 생각할 수 없다. 반도체 사업은 대규모 자금이 필요해 위험이 도박보다도 크다고 한다.

미래에 대한 확신이 없으면 투자결정을 내리기 어렵다는 얘기다.

삼성전자가 반도체 사업의 전신인 한국반도체를 인수한 것은 지난 1976년. 당시는 고 이병철 회장이 그룹 경영을 총괄할 때였다. 반도체회사를 인수하면서 그는 망설였다.

강진구 전 삼성전자 회장의 말에 따르면, 이 때 3남인 이건희 회장(당시 중앙매스컴 이사)은 전자사업을 하려면 반도체가 대단히 중요하다고 강조하면서, 필요하다면 개인출자까지 하겠다는 말로 선친을 설득했다고 한다. 어렵게 시작한 반도체 사업에서 확실한 승기를 잡은 시점은 1980년대 말과 1990년대 초.

장기 불황으로 일본 반도체 업체들이 주춤주춤할 때, 이건희 회장은 1메가D램 및 4메가D램 사업에 돈을 쏟아부었다. 투자를 하기 위해 1988년 이 회장은 삼성전자와 삼성반도체통신을 합병했다.

가전 쪽 주주들의 반발이 적지 않았다. 하지만 반도체 사업에 대한 강한 집념으로 어려움을 극복해냈다. 적기 투자 덕분에 삼성전자는 메모리 사업을 시작한 지 11년 만에 256메가D램을 시장에 내놓으면서 당당히 세계 1위에 올랐다.

이 회장은 명분이 있고 사업성이 있는 쪽에 과감하게 투자하길 원한다. 경기도 용인에 있는 에버랜드가 고객을 만족시키기 위해 지속적인 투자를 하고 있는 것도 이 회장의 지시에 따른 것이다. 이 회장은 미래 잠재 고객인 어린이들에게 꿈과 희망을 심어 주는 데 수익만을 따지지 말 것을 요구했다. 그래선지 삼성은 위락 시설에서 돈을 벌기보다는 이미지와 꿈을 파는 데 주력한다.

수익을 최우선으로 해야 하는 전문 경영인이 간과할 수 있는 혜안을 이 회장은 갖고 있으며 또한 실천하고 있는 것이다.

### 초일류를 향한 승부욕

이 회장이 삼성 경영진에게 자주하는 골프 얘기가 있다.

"드라이버샷으로 180야드 나가는 사람이 코치를 받아 200야드를 보내기는 쉽다. 더 배우면 220야드도 보낼 수 있다. 그러나 250야드 이상을 보내려면 그립 잡는 법부터 스탠스 등 모든 것을 바꿔야 한다."

세계적 초일류 기업과의 미세한 기술 격차를 이런 자세로 극복하라고 당부한 말이다. '초일류'를 강조하는 이 회장의 이 한 마디엔

경영인으로서의 자존심이 잔뜩 녹아 있다. 그래서 월드 베스트 상품을 만들 것을 집요하게 주문한다.

휴대전화 사업은 초일류 정신의 산물이다. 지난 1983년 휴대전화 사업을 시작한 삼성은 10년 넘게 고전했다. 국내에서조차 모토로라의 아성을 무너뜨릴 뾰족한 방법이 없었다.

1994년 이 회장의 특명이 떨어졌다. "돈은 얼마든지 써도 좋으니 수단과 방법을 가리지 말고 모토로라 수준의 제품을 내놔라." 그래서 나온 제품이 SCH 770. 애니콜이다.

1995년 시판한 휴대전화 중 불량이 있다는 보고를 받고는 이 회장은 즉각 전제품 회수를 명했다. 15만 대를 새제품으로 교환해주거나 회수했다. 회수 제품은 공장 전체 임직원이 보는 앞에서 소각했다. 150억 원이 연기처럼 사라졌다.

사내방송인 SBC로 하여금 '카메라 출동' 식의 기습현장 취재로 불량품을 고발토록 하는 방법도 동원됐다. 그 때부터 삼성전자 내에서는 제품을 만들고 파는 데도 명예를 중시하는 풍토가 자리잡았다고 한다.

삼성은 휴대전화 한 종목으로 2001년 7조 원의 매출에 1조 2,000억 원의 이익을 남겼다.

삼성전자가 반도체 시장이 약세를 보이더라도 높은 수익성을 이어갈 수 있는 것은 휴대전화가 효자 노릇을 톡톡히 하고 있기 때문이다. 한 번 뛰어든 사업에서는 1등을 해야 직성이 풀리는 이건희 회장의 고집이 없었으면 삼성은 이미 오래 전에 휴대전화 사업에서

철수해야 했을지도 모를 일이다. 이는 삼성의 1등 정신으로 그대로 이어진다. 하면 1등을 하고, 못 하면 접는다.

## 비전으로 이어지는 통찰력

이 회장은 사색하길 좋아한다. 승마와 골프를 즐기고 애완견을 기르는 취미도 있다. 영화와 다큐멘터리물도 즐겨 본다. 최근에는 KBS가 특별기획으로 마련한 '세계를 움직이는 사람들'도 꼼꼼히 봤다고 비서실 관계자는 전했다.

삼성 관계사 고위 임원들은 이건희 회장이 권한 《벼랑 끝에 선 호랑이》(원제 Tiger on the Brink, 미국 캘리포니아대 출판부)를 탐독했다. 중국 장쩌민 주석이 권좌에 오르기까지의 역경과 주변 정치 엘리트와의 관계 등을 분석한 책이다. 중국이 급성장하는 과정에서의 도덕적 해이도 함께 다뤘다.

위기의식을 부쩍 강조해온 이 회장이 삼성의 명운은 중국 대응 전략과 맥을 같이한다는 점을 명심하자면서 이 책을 추천했다는 후문이다.

이 회장은 때때로 항공, 우주과학과 바이오 등 전문 서적을 읽기도 한다. 하루 평균 독서량이 몇백 페이지를 넘는 것으로 알려졌다.

이런 사색과 취미생활은 통찰력을 얻는 에너지원이 된다. 이 회장은 최근 중국 사업의 중요성을 강조하고 있다. 2001년 중국을 방문했을 때 임원들에게 "중국을 더 이상 저가품의 생산기지로 생각하지 말고 그룹의 생존이 달린 전략시장으로 보고 접근하라"고 촉구했다.

중국 시장에 대한 이 회장의 관심은 훨씬 이전으로 거슬러올라간다. 지난 1997년 삼성전자는 태평로 본관 1층에서 첨단 전자제품 전시회를 갖기로 했다.

그런데 전시회가 열리기 하루 전, 이 회장은 중국 제품을 반드시 전시하라고 지시했다. 갑작스런 일이어서 실무자들은 여간 당황한 게 아니다.

작전을 펼치듯 중국에서 판매되는 각종 전자제품이 공수돼왔다.

이 회장은, 중국이 우리를 어떻게 추격하고 있는지 많은 사람에게 보여주고 싶었다고 한다. 삼성의 비전은 이렇게 만들어지고 있다.

이 회장이 지난 10년 간 '바꾸자, 버리자'를 설파했다면 이제는 '찾아라'라는 말로 집약된다.

### 인력 직접 뽑는다

이 회장은 우수인력을 확보하는 데 직접 나서기도 한다. 최고경영자는 조직의 전체를 보고 미래 전략을 구사하는 사람으로서, 그 성패는 인재에 좌우된다는 점을 보여주기 위해서다.

부회장 시절 일본의 오디오 핵심 기술인력을 당시 월급의 5배를 주는 등 파격적인 대우로 영입했다. 반도체 사업 초기에는 인텔 등 반도체 선진사에서 5명의 한국인 전문기술자를 연봉 20만 달러씩 제시하고 실리콘밸리 현지에서 직접 뽑아오기도 했다. 좀더 거슬러 올라가면 1988년, 그룹의 컴퓨터 고문으로 오시카와 씨를 직접 영입했는데 현장에서 그를 따돌리는 사태를 접하고 국내 현실을 통탄하기도 했다.

선대 회장은 철저한 내부 승진 중심의 순혈주의 인사정책을 고집했으나 이 회장은 우수한 인재라면 삼성을 한 번 떠난 사람이라도 재영입하곤 한다.

## 이 회장의 조직관이 드러난 용어

이 회장은 인간과 조직의 복잡한 현상을 함축적 의미를 담고 있는 특유의 독특한 용어로 표현한다.

■메기론  메기를 넣은 논의 미꾸라지가 더 살찌듯이 적절한 자극과 건전한 위기의식이 있을 때 조직은 더 활발해지고 발전한다.

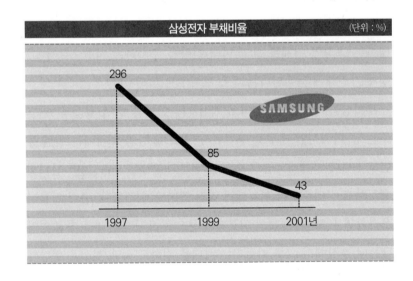

삼성전자 부채비율 (단위 : %)

296

85

43

1997    1999    2001년

■**당근론**  일류 조련사는 말을 조련할 때 당근만 쓴다. 따라서 신상필벌을 할 때 당근을 많이 써야 한다.

■**뒷다리론**  개인 집단 이기주의의 발로로 상대방은 물론 자신에게까지 피해를 주는 조직의 파렴치한은 곤란하다. 어떤 경우에도 용서할 수 없는 존재다.

■**5%론**  어느 조직이든 앞서가는 5%와 뒤처지는 5%가 있는데, 상위 5%가 집단을 이끌면 우수한 집단이 되지만, 그 반대면 열등한 집단으로 전락한다.

■**한방향론**  제각기 서로 다른 방향으로 노를 젓는다면 배는 앞으로 가지 못한다. 전체의 힘을 같은 방향으로 집중시켜 성과를 배가해야 한다.

■**아래로부터의 개혁**  아래로부터 올라온 의견이 묵살되면 결국 죽

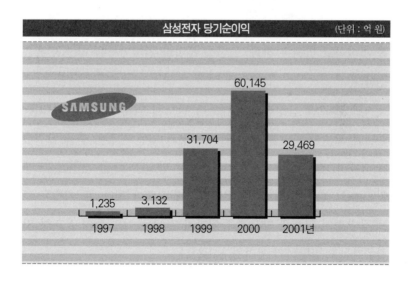

어 있는 조직이 된다. 비판이 살아 있는 조직에 참신한 아이디어가 생기고 결국 조직에 활력이 넘쳐 흐른다.

## 엔지니어 이건희 회장

이건희 회장은 일본 와세다 대학에서 상과를, 미국 조지워싱턴 대학에서 경영학을 전공했다. 하지만 엔지니어만큼 전자제품에 대한 깊숙한 전문지식을 갖추고 있다. 그는 세계 어느 경영자보다 과학기술을 중시한다. 특이한 점은 이런 지식을 습득한 과정이다.

이 회장은 직접 전자제품을 분해해보고 궁금한 점은 전문가에게 물어가며 전자기술을 터득했다. 파고들어 알려고 하는 천착(穿鑿) 습관이 전자제품의 경쟁력을 향상시키는 데 큰 도움이 됐다. 이 회장은 측근들에게 자신만큼 전자제품을 많이 사본 최고경영자는 없을 것이라고 말하곤 한다. 그만큼 해박한 전자기술을 갖고 있음을 뜻한다.

지난 1987년 삼성전자가 메모리 반도체 역사의 전환점이 되는 중대한 고비를 맞았을 때 이건희 회장의 이런 자질이 힘을 발휘했다. 4메가D램 개발을 스택(stack, 쌓는 방식)으로 할 것인가, 트렌치(trench, 파는 방식)로 할 것인지를 결정해야 했다. 두 기술은 서로 장단점이 있어서 양산에 들어가기 전에는 어느 쪽이 유리한 지 전문가들도 판단하기 어려웠다고 한다.

이 회장은 《이건희 에세이》에서 당시를 이렇게 회상했다.

"복잡한 문제일수록 단순화시켜야 한다. 회로를 고층으로 쌓는 스택이 수월하다."

이 결정은 나중에 올바른 선택으로 판가름났다.

트렌치를 채택한 도시바가 양산과정에서 생산성 저하로 D램 선두자리를 히타치에 빼앗겼고 16메가D램과 64메가D램에 스택 방식이 적용됐기 때문이다.

지난 1993년 미국 출장 중에는 이런 일도 있었다.

이 회장은 호텔에 짐을 푼 직후 어디론가 사라졌다. 이 회장은 인근 백화점에서 일제 도시바 VCR를 사와 분해를 했다. 수행했던 이상익 삼성전기 기획팀장에게 이 회장은 이런 지적을 했다고 전했다.

"일본 제품의 부품 수가 삼성 것보다 20%가량 적은데도 비싸게 팔린다는 점을 염두에 두고, 부품 수를 줄이기 위해 노력해야 한다."

그래서 삼성이 개발한 VCR이 '위너' 다.

이 회장은 제품에 대한 많은 아이디어를 냈다. 방송국에서 송출하는 화면의 20%를 시청자들이 못 본다는 얘기를 듣고 숨은 1인치 화면을 볼 수 있는 TV(플러스 원)를 개발토록 했다.

휴대전화의 센드 및 엔드 기능 버튼이 작은 것을 보고도 즉각 이를 시정토록 했다. 가장 많이 쓰는 단추가 왜 다른 버튼과 크기가 같고 밑에 있어야 하느냐는 지적이었다. 그래서 휴대전화의 센드와 엔드 버튼이 맨 위로 설계된 제품이 나오기 시작했고 이는 표준화로 이어지기까지 했다.

이 회장은 혁신적 제품을 개발하기 위해선 고정관념을 깨야 한다고 주장한다. 어릴 적부터 장난감 동화 놀이 속에서 과학을 생활화하는 것이 중요하다고 설명한다.

이 회장이 기술 다음으로 중시하는 게 디자인이다.

훌륭한 디자인 능력이 없으면 명품도 없다는 게 이 회장 생각이다. 기술이 받쳐주고 디자인이 따라주면 마케팅의 절반은 성공했다고 이 회장은 강조한다.

# 변화의 리더 CEO

## 개척자 정신으로 뭉친 최고의 두뇌집단

윤종용 삼성전자 부회장은 타이틀이 여러 개다.

그 중에서 제일 어울리지 않을 듯한(?) 타이틀은 월드사이버게임 조직위원회 공동위원장. 반도체와 휴대전화가 주력인 삼성전자의 CEO답지 않게 게임에 관심이 많아 이 대회를 만들었다.

"오는 2004년쯤에는 게임 시장이 반도체 시장 규모를 따라잡을 것"이라는 위험한 발언도 서슴지 않는다.

50대 후반인 윤 회장이 게임 산업에 관심을 갖는 이유는 간단하다. 엔터테인먼트 산업이 미래의 성장산업이라는 이유다.

이윤우 반도체 총괄사장은 생명공학이라는 말조차 생소하던 지난 1990년대 중반부터 바이오 관련서적을 탐독해왔다.

그에게 "바이오 사업이 언제쯤 수익을 내기 시작할 것 같으냐"고 물었더니, "바이오인포매틱스(생물정보학)의 시대는 조금 빨리 오겠지만 의약은 좀더 시간이 걸릴 것"이라는 답변이 바로 튀어나왔다.

삼성전자 CEO들의 머리는 "5~10년 뒤에 무엇으로 먹고살 것인가"라는 화두로 꽉 차 있다.

한 회계법인의 고위관계자는 "현재에 안주하지 않고 앞으로 뭘 할 것인지 고민하는 점"을 삼성전자 CEO의 경쟁력으로 꼽았다.

한 컨설팅업체의 대표는 "끊임없이 변신을 추진하고 이에 대한 리더들의 판단이 적중한 것이 삼성전자 성공의 요체"라고 말했다.

윤 부회장은 IMF 위기 때 외국인 투자자들이 반도체 이외의 사업을 모두 정리하라고 요구하자, "당신들은 1~2년 앞을 내다보는 투자자지만 나는 5~10년 앞을 내다봐야 하는 경영자"라며 거부했다.

휴대전화가 반도체에 이어 떼돈을 벌어주는 캐시카우로 등장한 사실을 통해 윤 부회장의 안목을 읽을 수 있다.

삼성전자 CEO들에겐 1등주의가 뿌리 깊이 배어 있다. 이건희 회장이 주창한 1등주의가 최고 인재의 CEO 선발로 이어지고 이들이 1등주의의 사령탑 역할을 하는 것이다.

이기태 정보통신총괄 사장은 휴대전화 신제품이 개발되면 내구성을 시험하기 위해 머리 위로 던졌다가 철판 위에 떨어뜨린다. 90kg의 몸무게로 짓밟아보기도 한다. 1.5m 높이에서 낙하시키는 국제시험 기준보다 훨씬 높은 수준의 품질을 요구하는 것이다.

또한 같은 제품이라도 좀더 고급인, 좀더 비싼 제품을 추구한다. 주력인 D램도 범용제품이 아니라 램버스, DDR 등 고속제품에 치중한다.

휴대전화도 중저가의 보급형 시장이 아니라 고가품 시장을 타깃으로 삼았다. 미국에서 히트 상품으로 선정된 PDA 겸용 스마트폰도 이 같은 노력의 결과다.

2001년 전세계 IT 시장이 불황이었음에도 불구하고 삼성전자만이 흑자를 낼 수 있었던 것은 이들 고부가가치 제품이 선전했기 때문이다. 품질 면에서의 우위와 자신감은 다른 분야로도 이어진다.

진대제 디지털 미디어총괄 사장이 2002년 초 미국 라스베이거스에서 열린 세계가전전시회(CES 2002)에서 기조연설을 하겠다고 주최측에 자청할 수 있었던 것은 자신감이 바탕이었다.

윤 부회장이 2002년 2월 28일 정기주주총회에서 정관변경에 반대한 외국인 주주를 '회사를 일시적으로 이용하려는 주주' 라고 몰아붙일 수 있었던 것도 마찬가지.

1등주의는 CEO들의 학습욕구로 표출된다. 외부 전문가집단의 한 사람이 삼성전자의 CEO로부터 자문을 겸한 점심 요청을 받고 나갔을 때의 일화.

나가보니 삼성 직원 2명이 더 나와 있었다. CEO와 대화가 시작되자 이들은 조그만 수첩식 노트를 꺼내들고 필기를 시작했다.

대화 내용을 놓치지 않고 기록하기 위해 2명을 따라붙인 것이다. 그들은 모임이 끝나고 2시간쯤 지나 "맞는지 확인해달라"며 대화

내용을 정리한 e-메일을 보내왔다.

"다른 삼성전자 간부들을 만날 때도 마찬가집니다. 뭔가 새로운 얘기가 나오기만 하면 여기저기서 수첩을 꺼내는 소리가 들립니다"

삼성전자가 지난 1992년경 당시 삼성전관(현 삼성SDI)에서 하던 LCD 사업을 가져오기 시작할 때의 일이다.

LCD는 기초기술이 반도체와 같다는 사실이 널리 알려지기 전이었다. 반도체 사업부의 모 임원이 LCD 사업을 맡는 데 난색을 표하자 이윤우 사장은 "책을 읽고 나면 자신감이 생길 것"이라며 관련 서적 한보따리를 넘겨줬다.

그 임원은 책들을 섭렵하고 나니 정말로 자신감이 생기더라는 것. 이처럼 학습과 연구를 통해 사업을 철저히 준비하는 문화가 뿌

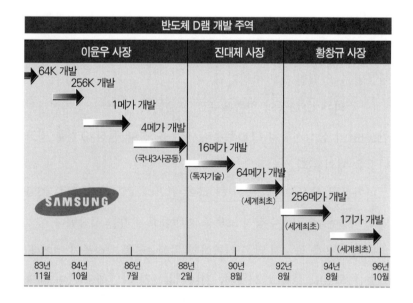

리 깊이 배어 있다.

1년에 한두 차례 소니, 도시바 등의 경영진과 토론하는 교류회를 개최하는 것도 일류기업으로부터 배우기 위한 노력의 일환이다. 삼성전자 CEO들은 문제가 생기면 전문가를 찾아 곧바로 비행기를 타고 해외로 나간다. 내부적으로 각종 비용을 쥐어짜면서도 컨설팅 비용 등 전문가들의 자문을 구하는 데는 돈을 아끼지 않는다.

책임경영이 확실하게 정착돼 있는 회사가 바로 삼성전자다. 사업부별로 대표들은 자신의 책임 아래 모든 것을 결정한다.

2002년 2월 말 7,000여억 원의 LCD 설비투자를 결정하기까지 이상완 LCD 부문 사장이 전권을 행사했다. 사장단과 관련임원이 참석하는 경영위원회에서 전반적인 자금사정이나 투자 우선순위 등을 검토하지만 모든 것은 이 사장의 책임과 판단에 따라 이뤄졌다. 그 과실도 모두 LCD 사업부의 몫이다.

이 회장이 사재로 구입해 반도체 사업의 출발점이 됐던 부천공장을 지난 1998년 말 페어차일드사에 매각한 것도 전자 경영진의 독자적인 판단이었다.

이 회장의 손때가 구석구석 묻어 있는 공장을, 더구나 이익을 내면서 잘 돌아가고 있는 공장을 팔겠다고 얘기할 수 있는 것은 자율경영이 아니었으면 꿈도 못 꿀 일이었다. 당시 인력 구조조정도 이 회장보다는 경영진의 판단이 크게 작용했다.

삼성의 한 고위관계자는 "No라고 얘기할 수 있는 CEO가 있다는 것이 삼성의 가장 큰 경쟁력"이라고 말했다.

그러나 세계 초일류기업의 잣대로 보면 삼성전자의 CEO들에게 미흡한 부분이 남아 있는 것도 사실이다.

한 전문가는 삼성전자가 한국에선 앞서가지만 선진지식을 습득하고 세계적인 CEO들과 교류하는 측면에서는 해외 일류기업의 간부진에 미치지 못한다고 지적했다.

## CEO 그들은 누구인가

삼성전자의 CEO들은 각각 해당분야에서 내로라하는 선두주자들이다. 지난 1997년부터 삼성전자를 지휘하고 있는 윤종용 부회장을 비롯해 대부분이 공학을 전공하고 생산·연구·개발을 담당했던 엔지니어 CEO들이다.

삼성전자에 엔지니어 CEO 전성시대가 도래한 것은 이건희 회장이 취임한 지난 1987년 이후. 이 회장이 "기술의 진행방향을 아는 사람이 전자 CEO를 맡아야 한다"며 관리부문 출신 사장을 강진구 사장으로 교체한 뒤부터라는 게 이순동 구조조정본부 부사장의 설명이다.

윤종용 부회장은 지난 1981년 VCR 사업을 맡아 세계정상으로 일궈낸 주역. 당시 세계수준에 한참 뒤떨어져 있던 AV(오디오·비디오) 사업을 한 단계 올려놓았다.

눈을 감고도 VTR 회로도를 그릴 수 있을 정도라고 한다.

디지털 컨버전스에 대한 신념이 확고해 메모리 반도체, LCD, 휴대전화 등의 우위를 홈 네트워크 등으로 연결시키는 데 관심을 기울이고 있다.

이윤우 반도체 총괄사장은 삼성의 반도체 사업 초기 공장건설에서부터 생산·연구 등을 두루 거쳐 국내 반도체 기술의 1인자로 통한다. "반도체에 관한 한 미세한 부분까지 꿰뚫고 있어 실무자들도 놀라는 일이 많다"고 부하직원들은 말한다. 반도체산업협회장을 맡고 있는 국내 반도체 산업의 얼굴이기도 하다.

진대제 디지털 미디어총괄 사장은 2002년 1월 8일 미국 라스베이거스에서 열린 세계 최대 가전전시회 'CES 2002'에서 동양인으로선 처음으로 기조연설을 했다.

게리 샤피로 미국가전협회(CEA) 회장은 "예전에는 '닥터 세미컨덕터(반도체 박사)'였지만 지금은 '닥터 디지털'"이라고 추켜세웠다. 미국 스탠퍼드 대학 전자공학박사 출신으로 16메가D램과 64메가D램 개발의 주역이다.

지난 1985년 비서실 인사팀이 IBM과 HP 등에서 촉망받는 연구원으로 일하던 진 사장을 찾아내 당시 이병철 회장과 이건희 부회장에게 천거했다.

황창규 메모리 사장도 이건희 회장의 인력유치 계획에 따라 영입된 케이스. 메사추세츠 주립대 박사 출신으로 인텔에서 일할 때 인사팀의 눈에 띄었다. 1989년 삼성에 합류한 뒤 256메가D램 개발을 지휘했다. 그 후 1기가D램 개발과 300mm 웨이퍼 양산 등 세계 최초의 기록들을 쏟아내고 있다.

임형규 시스템 LSI(비메모리) 사업부 사장은 삼성 내부에서 육성한 공채 출신 박사. 메모리 부문 사장을 거쳐 최근엔 비메모리를 차세대 주력으로 키우라는 밀명을 받고 있다.

휴대전화 '애니콜 신화'의 주역 이기태 정보통신 총괄사장은 공장관리와 운영에 탁월하다는 평가를 받고 있다. 일을 '무섭게' 또 철저하게 하는 스타일로 유명하며 에릭슨을 제치고 휴대전화 업계에서 확실한 3위를 차지하는 임무를 부여받고 있다. 입사 이후 반도체부문에서만 일하고 있는 이상완 LCD 사장은 기술적으로 불가능한 것으로 알려졌던 40인치 LCD 개발에 성공한 뒤 본격적인 수확을 기대하고 있다.

최도석 경영지원 총괄사장과 한용외 가전부 총괄사장, 이상현 국내 영업담당 사장은 비엔지니어 출신의 소수파.

최 사장은 CFO(최고재무책임자)로서 좀처럼 겉으로 드러나지 않지만 경영 프로세스 혁신·관리·인사를 총책임지고 있는 핵심인물. 구조조정 등의 업무에서는 구조조정본부와 호흡을 맞추고 있다.

한 사장은 그룹 비서실 출신으로 수익기반이 열악한 가전 쪽을 일으켜 세우는 어려운 임무를 맡고 있다. 수익을 내기 어려운 전자분야에서 괄목할 만한 성과를 올리고 있다.

이상현 국내영업담당 사장은 경영학을 전공한 뒤 한국은행에서 일할 때 삼성전자에 스카우트된 케이스. 이들은 상호 협력과 경쟁을 통해 삼성전자를 키워나가는 주역들이다.

삼성전자 CEO들은 최고의 인재답게 최고의 대우를 받고 있다. 주주총회에 보고된 2001년 등기이사 총보수를 기준으로 추정해보면 사내 등기이사 7명의 1인당 평균보수는 36억 7,000만 원.

윤 부회장은 50억 원 이상을 받는 것으로 알려졌다. 삼성전자는 2002년엔 임원의 보수한도를 2001년의 400억 원보다 25% 증가시킨 500억 원으로 책정했다. 그러나 실적과 평가에 따라 CEO들의 보수는 천차만별이다.

삼성전자 CEO들은 10만~20만 주 가량의 스톡옵션도 갖고 있다. 행사가격이 19만 원대와 27만 원대여서 수십억 원 이상의 평가차익을 내는 경우도 생기고 있다. 회사에 돈을 벌어주는 최고의 인력에게는 인건비를 아끼지 말라는 게 이건희 회장의 지시사항이다.

# 3 CHAPTER

# '작전 지휘' 구조조정본부

## 삼성 경영 시스템의 키워드

지난 1996년 하반기 반도체 경기가 한창 고꾸라들던 시절. 삼성 전자에 초비상이 걸렸다. 월간 단위 수지가 적자로 돌아선 것이다. 1년 전만 해도 상상도 못할 일이었다. 삼성의 간판 기업격인 삼성 전자의 적자는 그룹 전체에도 큰 충격을 주었다.

설마 하던 일이 현실이 될 줄이야….

이 때 삼성전자를 위기에서 건져낸 곳이 바로 이학수 본부장(삼성전자 대표이사)으로 대표되는 그룹 구조조정본부(이하 '구조본'으로 약칭)다. 삼성전자가 오늘처럼 탄탄한 기반을 갖추게 된 데는 최고경영진의 역할도 컸지만 구조본이 그에 못지않은 역할을 했다는 점은 부인하기 어렵다.

비서실 후신인 구조본은 "선단식 경영을 해체하라"는 국민의 정부 압력과, "왜 내가 회사를 나가야 하느냐"는 임직원들의 원성을 들어가며 강도 높게 구조조정을 밀어붙였다. 삼성전자가 세계 일류기업 반열에 오르게 한 숨은 공신이다.

## 삼성 경영의 삼각편대

삼성전자의 경쟁력은 경영 방향과 전략을 제시하는 이건희 회장을 정점으로, 이 회장과 삼성전자 경영진이 경영판단을 하도록 돕는 구조본과, 실제 경영을 지휘하는 전자 경영진이 양축을 이루는 '트라이앵글(삼각) 구조'에서 나온다.

이 회장은 반도체 사업 진출이나 삼성전자와 삼성반도체통신의 통합(1988년), 월드 베스트 제품육성 등 굵직굵직한 방향을 제시한다.

구조본은 '싱크탱크' 집단인 삼성경제연구소와 협력해 전체적인 지도(미래 전략)를 그리는 '패스 파인더(path finder, 길안내)' 역할을 한다.

경영환경이 급변할 때 조기에 경보를 울려주는 '조기경보기'와 여러 계열사 경영을 조정하는 '관제팀' 역할도 맡는다. 전자 경영진들은 구조본의 조언을 참고해 실제 경영전략과 전술을 짠다.

김종석 홍익대 교수(산업경제학)는 "삼각편대식 경영은 경영 리스크를 최소화해 삼성전자 경쟁력을 높여준 중요한 요인"이라고 말했다.

## 구조조정 사령탑

구조조정이 없었다면 삼성전자가 1990년대 중반의 혹독한 반도체 불경기를 이겨내고 매년 조 단위의 순이익을 내는 일류기업으로 성장하기는 불가능했다.

구조본은 외환위기 이후 구조조정을 주도하면서 전자를 비롯한 계열사들이 어떤 여건에서도 수익을 낼 수 있는 토대를 만들어냈다.

이 본부장은 2000년 말 기자간담회에서 "구조조정 결과 계열사 전체로 항시 5조 원 이상의 이익을 낼 수 있다는 자신감이 생겼다"고 말했다.

구조조정의 세부 계획과 방법은 삼성전자에서 만들었지만 기본 방향은 구조본에서 제시했다.

경세 위기 직후인 지난 1998년 하반기 삼성전자는 추가 인력감축 문제로 몸살을 앓았다.

이미 한 차례 인력축소와 부실사업 철수를 단행했지만 구조본은 위기가 장기화될 것이라는 판단 아래 몸집을 더 줄이도록 독려했다.

전자 경영진 입장에선 한 해에 두 차례나 인원을 줄이기가 쉽지 않았지만, 구조본은 이 회장의 신임을 배경으로 초고강도 구조조정을 밀고나갔다.

삼성전자는 대대적인 분사와 매각을 단행해 결국 4만 7,000명의 인력을 3만 8,000여 명으로 줄였다.

이런 군살빼기는 그 후 휴대전화 및 반도체 영업 호조와 어우러져 삼성전자가 매년 엄청난 순이익을 내는 원동력이 됐다. 이 본부

장과 김인주 재무팀장 등 구조본 재무팀 핵심 라인이 구조조정을
이끌었다.

구조본 이순동 부사장(홍보팀장)은 "1993년 이 회장 주도로 신경
영이 도입된 이후 '변해야 산다'는 의식이 임직원 뇌리에 각인됐으
며, 이런 의식 변화가 구조조정이 성공한 중요한 요인이 됐다"고
설명했다.

## 시스템을 만든다

삼성전자 협력업체인 S사 K 사장은 "삼성과 거래할 때 뇌물이나
향응제공 등 부조리는 꿈도 꾸기 어렵다"고 말한다. 그만큼 경영이
투명하다는 얘기다.

논란의 여지가 있긴 하지만 삼성전자엔 노조도 없다. '비노조 경
영'은 삼성의 오랜 전통이다. 적지 않은 대기업들이 임직원 비리나
노조로 골치를 썩히고 있는 것과는 대조적이다. 이는 구조본에서
만들어내고 관계사에 전파해 제도화한 것들이다.

구조본의 감사가 추상같다는 건 잘 알려진 사실이다. 경영진단팀
은 필요한 경우 계열사 해외법인까지 몇 달이고 감사를 벌여 비리
를 찾아낸다. 비리에 연루됐다는 사실이 밝혀지면 그 날로 사표다.
이런 시스템은 삼성전자의 경영투명성을 높였다.

비리는 결국 원가 부담을 높이는 요인으로 작용하고 고객들에게
최상의 제품과 서비스를 제공할 수 없게 만든다는 인식을 전계열사
에 확고하게 심어놨다.

| 삼성 구조조정본부 출신 주요 CEO | | | |
|---|---|---|---|
| 회 사 | 직 위 | 이 름 | 나 이 |
| 삼성전자 | 사장 | 이상현 | 53 |
| 삼성 SDI | 〃 | 김순택 | 53 |
| 삼성코닝 | 〃 | 송용노 | 57 |
| 삼성중공업 | 〃 | 김징완 | 56 |
| 삼성종합화학 | 〃 | 고홍식 | 55 |
| 삼성생명 | 〃 | 유석렬 | 52 |
| 삼성증권 | 〃 | 황영기 | 50 |
| 삼성물산 | 〃 | 배종렬 | 59 |
| 제일모직 | 〃 | 안복현 | 53 |
| 제일기획 | 〃 | 배동만 | 58 |
| 삼성엔지니어링 | 〃 | 양인모 | 62 |
| 에스원 | 〃 | 이우희 | 55 |

※2002년 6월 현재

경영진단팀은 업무 프로세스 위주의 감사를 통해 계열사의 문제 발생을 사전에 예방하는 데 초점을 두고 있다.

노사문제도 마찬가지다. 일한 만큼 보상하는 연봉제, 경영성과가 일정 수준 이상일 때 주는 성과급제(PI), 경영목표를 정하고 이보다 더 이익이 났을 경우 이를 나눠주는 이익배분제(PS), 우수 경영인력을 대상으로 한 스톡옵션제 등은 대부분 삼성 구조본 재무팀이 주축이 돼 국내에서 가장 먼저 도입, 노사안정에 기여한 것들이다.

인사팀은 계열사 전무 이상급을 객관적인 잣대로 평가한다. 지연·혈연이 발을 못 붙이도록 하는 것도 이들의 몫이다. CEO 평가를 이익과 경제적부가가치(EVA), 주가상승률 등 실적에 따라 이뤄지도록 시스템화했다.

"삼성의 CEO는 할 만한 사람이 한다"는 세간의 평가가 나오는 것도 이 때문이다.

### 전략적 경영 지원

휴대전화가 삼성전자에 떼돈을 벌어주는 '캐시 카우'로 등장한 데는 구조본의 보이지 않는 뒷받침이 있었다.

1996년 국제올림픽위원회(IOC) 위원이 된 이 회장은 올림픽을 활용해 브랜드 인지도를 높이는 아이디어를 제시했다. 삼성의 전자제품이 품질 면에서는 일본 제품과 대등하면서도 '월드 베스트'에 오르지 못하자 올림픽을 싸구려 이미지 벗기에 활용해보자는 발상이었다.

구조본 홍보팀은 많은 노력 끝에 11개 업체로 정해졌던 1998년 나가노 동계올림픽 공식후원업체에 삼성전자를 끼워넣는 데 성공했다. 삼성이 일류 브랜드로 인정받는 계기는 이 때 만들어졌다.

그 후 삼성전자는 시드니(2000년 하계), 솔트레이크(2002년 동계) 올림픽에도 공식후원업체로 참여해 브랜드 이미지를 높였다. 미국의 경제주간지 〈비즈니스 위크〉는 1999년 세계 75위권 이하였던 삼성전자 브랜드 가치가 2002년 42위(64억 달러)로 올라섰다고 평가했다.

구조본은 또 매주 수요일 사장단 간담회와 월 2회 그룹 구조조정

위원회 회의를 열어 삼성전자를 비롯한 계열사들이 나아가야 할 방향을 제시하고 있다.

지난 1991년 TFT-LCD(초박막 액정표시장치) 사업을 어디서 하느냐를 둘러싸고 삼성전자와 삼성전관(현 삼성SDI)이 치열한 논쟁을 벌였을 때, 이를 삼성전자로 교통정리해준 곳도 바로 구조본이다.

구조본은 계열사 간 사업영역 조정에도 간여해 중복투자를 방지하고 시너지 효과를 높일 수 있도록 유도한다.


## '구조본' 사람들 — 핵심 브레인 대거 포진


구조본은 삼성 경영의 사령탑 역할을 한다. 구조조정본부를 거쳐간 주요 계열사 사장들만 해도 20명에 육박한다는 사실이 이를 상징적으로 말해준다. 구조본이 그만큼 유능한 인재를 뽑아 쓰고 키운다는 얘기다.

구조본과 계열사 사장들은 견제와 균형 속에 삼성의 경쟁력을 높이고 있다.

이학수 본부장(사장)은 구조조정본부를 이끄는 핵심인물이다. 이건희 회장의 의중을 누구보다도 잘 아는 그는 "이 회장의 그림자"로 불린다. 삼성화재 대표이사 사장을 거쳐 1997년부터 구조조정본부장직을 맡아왔으며 그룹이 가장 어려울 때 구조조정을 성공시켜 삼성전자를 비롯한 주요 계열사 경영을 반석 위에 올라서게 했다는 평가를 듣고 있다. 계열사 재무구조 개선, 삼성자동차 등 부실 사업 처리, 글로벌 스탠더드 경영 도입 등이 모두 그의 손을 거쳤다. 이 본부장은 참모역할을 했던 과거의 비서실장들과는 달리 CEO에 가깝다는 평가를 받는다.

여러 대안을 나열해 회장에게 보고하는 것이 아니라 팀장들과 계열사 사장들의 의견을 종합 판단한 방안을 마련해 결재를 받는 스타일을 취한다고 구조본의 한 관계자는 말했다. 이 때문에 구조조정을 실질적으로 책임지고 지휘할 수 있었다는 해석이다. 삼성자동차 사업 정리 때 이 본부장의 진가가 드러났다.

일부의 완강한 반대를 무릅쓰고 이 회장이 삼성자동차 법정관리 신청과 삼성생명 주식의 사재출연을 결정한 것은 그의 조언에 따른 것이었다는 게 삼성측 설명이다. 대우와 자동차 빅딜 논의가 있기 전, 쌍용자동차를 인수하기로 했던 그룹의 방침을 바꾼 것도 이 본부장이었다는 후문이다.

김인주 재무팀장은 그룹 계열사들의 경영현황을 꿰뚫고 영향력을 미치는 이 본부장의 '오른팔'이다. 삼성가(家) 내부의 지분정리 등 복잡한 문제를 깔끔하게 처리한 점이 높이 평가됐다. 그는 부장 승진 이후 거의 매년 한 단계씩 직급이 오르는 초고속 승진 코스를 밟아왔다. 제일모직 관리부에서 근무할 때 최도석 삼성전자 경영지원 총괄 사장, 제진훈 삼성캐피탈 사장과 함께 이 본부장으로부터 관리기법을 배워 그룹 재무통의 전통을 잇는 핵심 라인으로 분류된다.

이순동 부사장(홍보팀장)은 신문기자를 거쳐 전자 홍보팀장, 구조본 홍보담당 이사 등을 거친 홍보맨이다. 언론계와 폭넓은 교분을 유지하고 있으며 상황 판단이 빠르고 정확하다는 평가다.

박근희 전무(경영진단팀장)는 5년 동안 그룹 감사를 총괄하면서 분명하고 냉철하게 업무를 처리해왔다는 게 장점으로 꼽힌다.

노인식 전무(인사팀장)는 인사 전문가로 해외 우수인력 확보에 열을 올리고 있다.

그 밖에 김준 상무(비서팀장), 장충기 전무(기획팀장), 김용철 전무(법무팀장) 등이 이 본부장을 보좌하고 있다.

주요 계열사에도 구조본을 거쳐간 경영진들이 포진해 있다.

홍보팀장을 맡았던 배동만 사장은 제일기획에서, 배종렬 사장은 삼성물산에서 각각 경영을 책임지고 있다. 김순택 삼성SDI 사장과 이재환 삼성벤처투자 사장은 기획팀장으로 일했다. 이우희 에스원 사장은 인사팀을, 김징완 삼성중공업 사장은 경영진단팀을 맡았었다.

이형도 중국 본사 부회장, 송용노 삼성코닝 사장, 안복현 제일모직 사장, 양인모 삼성엔지니어링 사장, 이상현 삼성전자 사장, 고홍식 삼성종합화학 사장, 최성래 삼성석유화학 사장, 김현곤 삼성BP화학 사장, 유석렬 삼성생명 사장, 이경우 삼성카드 사장, 황영기 삼성증권 사장, 정준명 일본삼성 사장 등도 구조본에서 일한 경력을 갖고 있다.

# 4 CHAPTER

# 고강도 구조조정

## '선택과 집중' 만이 살 길

"삼성전자가 조 단위의 수익을 내고 있는 선진기업과 어깨를 나란히 하게 된 IMF 관리체제의 터널을 지나면서 시행한 과감한 구조조정의 결과였다. 죽느냐 사느냐 생사의 기로에서 '사즉생(死即生)'의 자세로 택할 수밖에 없었던 것이 바로 구조조정이다. 수익성 높은 제품으로 진용을 개편했고 대대적인 분사와 업종매각을 단행했다. 창업 25년 만에 새로 시작하는 마음으로 한 것이다. 그 때의 구조조정이 없었으면 지금의 삼성전자는 많은 전자회사 중 하나에 불과했을 것이다"라고 이순동 부사장(구조조정본부 홍보팀장)은 말했다.

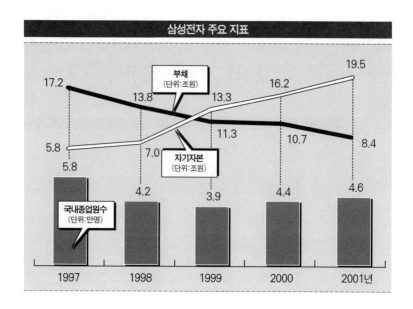

삼성전자 주요 지표

삼성전자가 1999년부터 3년 동안 12조 원의 이익을 내고 선진기업들과 어깨를 나란히 하게 된 것은 IMF 체제 하에서 실행된 강력한 구조조정의 결과였다.

삼성의 구조조정은 일찍부터 초일류기업을 지향하는 '신경영'을 제창한 이건희 회장, 위기관리와 전략경영의 연금술사들이 모인 구조조정본부, 각 분야 최고전문가들로 구성된 경영진 등 '3각 편대'의 위력이 발휘된 대표적인 성공사례다.

IMF 체제는 삼성전자를 풍전등화의 위기로 내몰았지만 신경영이 자리를 잡게 되는 기회로 작용하기도 한 셈이다.

## 생존을 위한 구조조정

지난 1998년 7월 말 오후, 한가롭던 서울 장충동 신라호텔에 검은 세단들이 줄지어 나타나면서 긴장감이 감돌기 시작했다.

윤종용 당시 사장을 비롯 이윤우 사장, 진대제 부사장 등 사장단과 본사의 부문별 최고임원 등 30여 명의 삼성전자 수뇌부들이 굳은 얼굴로 속속 차에서 내렸다.

이 날 회의의 명칭은 '생존대책회의.'

윤 사장은 해외부문의 부실이 확대되고 일부 사업이 대규모 적자를 내면서 7월 한 달 동안에만 1,700억 원에 달하는 적자를 낼 것이 확실하다며 말문을 열었다.

적자폭은 축소될 기미를 보이지 않았다. 뭔가 근본적인 생존방안을 찾지 못하면 쓰러지고 말 것이라는 위기의식이 분위기를 지배했다. 서울 태평로 삼성 본관 25층 임원 회의실도 공간은 충분했지만 안팎의 시선을 피하기 위해 신라호텔을 회의장소로 정했다.

자산매각과 인원감축, 사업구조조정 가운데 무엇을 먼저 해야 하는지, 인원은 얼마나 줄여야 하는지 등 온갖 방안을 놓고 난상토론을 벌인 끝에 나온 결론은 30%의 인원감축이 불가피하다는 것.

한 임원은 "인원감축 대신 전체적으로 임금을 30%씩 깎자"는 아이디어를 내놨다. 하지만 윤 사장은 "30%의 사람 때문에 100%의 사람이 일자리를 잃게 될 가능성이 있다"면서 그 때까지 했던 것보다 훨씬 과감하고 신속한 구조조정을 해야만 한다고 강조했다.

이제부터는 회의 참석자들도 모두 구조조정의 대상이었다.

이 날 회의는 참석자 전원이 사표를 제출하는 것으로 끝났다. 구조조정의 총책을 맡게 된 당시 김인수 경영혁신팀장은 굳은 얼굴로 총총히 사무실로 되돌아와 2차 구조조정 서류를 입안하기 시작했다.

1998년 8월 추가 구조조정계획이 만들어진 뒤 수원사업장 내 체육관에서는 윤종용 삼성전자 사장 주재로 '사원과의 대화'가 열렸다. 반도체 생산 라인 등 계속 돌려야 하는 부문을 제외한 전직원들이 직접 참가하거나 전국 각지의 사업장에 동시에 생중계된 방송을 지켜봤다.

긴장과 불안의 눈초리로 자신을 뚫어져라 주시하는 직원들을 대상으로 윤 사장은 회사의 현황을 차근차근 설명한 뒤 고통을 감내하자고 호소했다. 그러나 직원들 가운데 앞으로 얼마나 강도 높은 구조조정의 한파가 몰아칠지를 가늠할 수 있는 사람은 많지 않았다.

생존 차원의 구조조정에 시동을 건 것은 이건희 회장이었다.

1998년 3월 22일 이 회장은 그룹 창립 60주년을 맞아 발표한 기념 메시지에서 "우리는 지금 생존마저 확신할 수 없는 창업 이래 최대의 위기를 맞고 있다. 위기 극복을 위해 생명과 재산, 명예까지 내놓겠다"는 비장한 각오를 밝혔다. 성대하게 치르려던 60주년 기념 축제행사는 이 같은 분위기에 눌려 취소되고 말았다.

## 첨단제품 메이커로의 탈바꿈

한계사업이나 비주력 사업을 과감히 퇴출시키고 반도체와 휴대전화 등 수익성 높은 사업 위주로 구조를 재편한다는 원칙이 세워졌다.

흑자사업이라도 장기 비전과 맞지 않으면 정리대상에 올랐다.

1998년 한 해 4,000억 원의 매출에 1,000억 원가량의 이익을 내고 있던 부천공장의 전력용 반도체 사업도 페어차일드사에 팔았다.

이 회장이 사재를 들여가며 반도체 사업을 시작한 공장이었다.

하지만 이 회장은 "회사에 유익하다고 생각하면 처분하는 게 구조조정"이라며, "나의 정서는 감안하지 말라"고 강조함으로써 철저한 사업재편을 요구했다.

이런 과정을 거쳐 1997년과 1998년 사이에 소규모 가전제품과 무선호출기 사업 등 34개 사업과 52개 품목이 정비됐다.

오디오 사업은 중국의 후이저우 공장으로 완전히 이관됐고 청소기 등 소형가전 제조부문은 삼성광주전자로 넘어갔다.

서비스와 물류부문 등 42개 저부가가치 사업이 분사돼 떨어져나갔다. 한국HP 지분 45%를 HP에 전량 매각하는 등 각종 자산도 매각됐다. 해외부문에서는 대형 만성적자법인 12개가 정리되고 40%의 인력이 축소되는 등 강도가 더 셌다.

1997년에서 1999년 말까지 재고는 4조 1,000억 원에서 2조 1,000억 원으로, 채권은 4조 6,000억 원에서 3조 1,000억 원으로 줄었다.

1996년 말 국내외를 포함해 8만 5,000명에 달하던 인력은 1999년 말 5만 4,000명으로 줄었다. 세 명 중 한 명꼴로 회사를 떠났다.

윤종용 사장은 과도한 스트레스로 건강이 나빠진 것은 물론 신변의 위협을 느낄 정도였다고 주변에 토로했다.

구조본의 한 고위관계자는 "이 회장은 구조조정을 통해 가전중심의 회사에서 선진형 전자업체로의 새로운 모습을 그리도록 했다"며 "요즘 고전하는 각국 가전업체들과 차별화되는 기틀이 이 때 만들어졌다"고 말했다.

## '신경영'의 성과

IMF 관리체제 이후 시작된 구조조정이 일사천리로 진행된 것은 아니었다.

구조조정 대상에 오른 사업부 직원들은 "여태까지 반도체나 다른 사업을 키워준 사업부가 어딘데 이제 와서 정리하느냐"며 반발했나.

그렇지만 이들의 반발은 곧 수그러들었다.

이 회장이 지난 1993년부터 "마누라를 빼고는 모두 바꿔라"라고 주문하는 '신경영'을 주창해왔던 만큼 상대적으로 구조조정에 대한 공감대가 쉽게 형성될 수 있었던 것이다.

삼성의 한 관계자는 "변해야 산다는 신경영이념이 확산돼 있었던 점이 다른 기업들과 달랐다"며, "사회적 분위기 때문에 실천하지 못하던 것을 IMF를 계기로 실현에 옮길 수 있었다"고 말했다.

구조본은 근본적인 혁신방안을 마련하기 위해 모든 계열사들을 샅샅이 뒤져 그 동안 숨겨졌던 부실과 무수익자산 등 각종 문제점을 찾아냈다.

계열사 사장단 회의를 통해 조사결과를 공개하고 근본적인 변화가 불가피하다고 설득했다.

구조본 핵심들은 "회사를 살리지 못하면 다 그만둘 수밖에 없다. 죽기를 각오하면 무엇을 못하겠느냐"며 다그쳤다. 부실이 드러난 만큼 계열사 사장들도 더 이상 머뭇거릴 수가 없었다.

계열사들에 대해 비용 및 조직 30% 축소, 부채비율 200% 달성 등 일반적인 구조조정 기준이 제시됐지만 훨씬 고강도의 방안을 요구하는 경우도 수두룩했다.

삼성전자는 이제 상시구조조정 체제를 갖추고 있다. 2001년 MP3 사업 등을 분리한 데 이어 2002년엔 공장자동화 제어기 사업도 매각했다.

구조본의 한 관계자는 "구조조정이란 어려울 때 한 번 해치우는 1회성 사안이 아니라 끊임없이 변하는 외부여건에 대응할 수 있는 일상적인 시스템을 갖추는 것"이라고 강조했다.

### '씨앗. 묘목. 과수' 론

삼성전자는 1997년 3월 사업구조재편을 위해 사업들을 네 가지로 분류하고 대응책을 마련했다.

5~10년 후 성장의 결실을 맺을 수 있는 차세대사업은 '씨앗' 사업으로 분류했다. 지금부터 그 씨앗을 찾아 기술, 돈, 사람을 과감히 투자하고 기초를 다져야 할 사업들이다. '묘목' 사업은 지금 당장 큰 이익을 내지는 못하지만 앞으로 과수가 될 수 있는 사업. 기

술개발 제품력, 마케팅력을 강화해 남보다 먼저 시장을 장악해야 한다고 판단된 사업이다. '과수' 사업은 현재 회사의 성장을 이끌고 있는 사업. 기존의 강점을 강화해 확고부동한 일류로 만들어야 하는 사업으로 지목됐다.

이미 성장을 멈춰 과실을 기대하기 어렵고 과감히 정리돼야 할 사업은 '고목' 사업으로 분류했다. 삼성전자는 이 때 씨앗사업으로 이동통신 시스템, 네트워킹, 비메모리 사업 등을 선정하고, 묘목사업으로는 디지털 TV, 휴대정보단말기(PDA), TFT-LCD를 정했다. 과수사업으로는 대형 컬러 TV, 모니터, 노트북 PC, 휴대전화, 메모리 등을 선정했다.

**5** CHAPTER

# 체계적 인재관리

## 한국 최대의 인력 풀

삼성전자가 보유한 석·박사 인력은 5,500명. 이 중 박사급만 1,500명이다. 2001년 신규임원이 된 149명 중 40%에 해당하는 61명이 석사학위 이상 소지자다. 이 중 절반 가까운 28명은 조지아텍, 하버드 등 해외 명문대에서 학위를 취득했다.

전체 4만 8,000명 임직원 중 생산기능직(2만 5,000명)을 제외한 2만 3,000명의 25%가 석·박사 학위를 가지고 있다. 게다가 매년 100명씩 증가하고 있다. 서울대를 능가하는 한국 최대의 '인력 풀'이다.

## 한 명의 천재가 1만 명을 먹여살린다

삼성전자 인사팀은 핵심 직원들을 S(Super)급과 H(High potential)급으로 분류, 별도 관리한다. 삼성전자를 움직이는 핵심두뇌들이다. S급 인원만 400명.

이들의 연봉은 같은 직급 내 임직원보다 세 배가 많다.

고급인력 유치를 위해 해외채용팀은 미국과 유럽을 돌며 스카우트 대상을 물색하고 있다.

텍사스인스트루먼트(TI) CTO 출신인 오영환 SOC(System on Chip) 연구소장이나 루슨트테크놀로지 부사장 출신인 전명표 디지털 솔루션 센터장이 대표적 케이스.

송지우 메카트로닉스센터장은 미국 유나이티드 테크놀로지스(UT)사에서 항공기 엔진 사업을 총괄하고 GM에서 10년 간 근무했던 경력을 갖고 있다.

투자도 아끼지 않는다.

삼성전자는 기술을 기초 · 첨단 · 핵심 · 미래 등 4가지로 분류하고 각 단계에 맞는 인력양성 프로그램을 운영하고 있다. 연간 200여 명의 인력이 해외 연구소에서 미래기술을 상용화하기 위한 프로젝트 교육에 투입된다.

"미래기술은 5~10년 후 삼성전자를 먹여살릴 토양"이라고 안병길 첨단기술연구소 소장은 강조한다.

### 해커에서 신춘문예 당선자까지

지난 1999년 벤처 바람이 불 당시 삼성전자가 운영하는 소프트웨어 클럽 출신 전문가들의 공식 스카우트 액수는 2억 원.

이들은 대학에서 정규과정을 이수한 수재들이 아니었다.

용산전자상가 등지에서 PC 조립, 프로그램 제작 등 부업을 하면서 '야전'에서 명성을 쌓아온 해커나 프로그램 전문가들이었다.

삼성전자는 다양한 인력 풀을 확보하기 위해 각종 멤버십 클럽을 운영하고 있다. 이 클럽엔 삼성전자의 직원이 아닌 전문가들도 포함돼 있다. 소프트웨어 클럽 외에 디자인 멤버십, 휴먼텍(논문상) 클럽 등이 그것이다.

해커나 프로게이머에서부터 고시합격자, 신춘문예 당선자까지. 삼성 인사팀이 안테나를 세우는 관리대상이다. 인재개발연구소 안승준 상무는 이렇게 말한다.

"이들의 창의력과 아이디어는 정규 교육과정에 길들어진 규격화된 '붕어빵'들이 결코 따라잡을 수 없는 수준이다."

실제로 디자인 멤버십은 지난 1999년 미국 IDEA 디자인공모전에서 은상과 동상을 받은 것을 비롯해 독일 IF Awards와 오사카 공모전 등 세계 3대 디자인전에서 23개 제품의 수상을 이끌어냈다.

### 기술과 사업전략의 공유

경기도 수원의 삼성전자 첨단기술 연수소(이하 첨기연). 7,200평 규모의 이 곳은 신입사원부터 사장에 이르기까지 최신 기술동향을

**삼성전자 기술교육체계**

| 책임급 이상<br>(5년 이상) | 전문가 | 사업부<br>교육이관<br>및 지원 | 4S중심<br>(핵심+첨단) | | 신기술세미나 |
| 선임급<br>(경력 3~5년) | 심화 | | e-learning<br>활용 | | 산학협력 |
| 사원급<br>(경력 3년미만) | 입문 | | | | 교과정아웃소싱 |
| 수준<br>분류 | | 기초 ➡ | 핵심 ➡ | 첨단 ➡ | 미래 |

※4S=소프트웨어, 시스템, 서비스<br>(통신), SOC(시스템온칩)

| 정착<br>안정화된<br>기술 | 현재제품<br>경쟁력기여<br>기술 | 3~5년후<br>제품화될<br>선행기술 | 중장기 전략<br>원천기술 |
| | 사업부<br>개발팀 | CTO,<br>총괄연구소 | 종합기술원 |

재교육하는 기관이다.

R&D 기술만을 별도로 교육시키기 위해 연수기관을 운영하는 기업은 국내에서 삼성전자가 유일하다.

1990년 이건희 회장의 제2창업 선언과 함께 설립된 첨기연은 회사의 장기 전략에 맞춰 교육 프로그램을 운용하고 있다.

신입사원을 대상으로 한 400쪽 분량의 전자입문과정 교재의 제목은 '마켓 드리븐 컴퍼니·시장지향 기업을 위한 해결책(Solution for MDC).'

MDC는 삼성전자의 기업목표다. 이 곳에서 2001년 개설되는 교육과정만 97개. 연간 교육인원만 3,000여 명에 달한다. 삼성전자가 확보한 소프트웨어 전문인력은 5,300명.

그룹 전체로는 1만 3,000명이 넘는다. 총 인력의 12%다.

삼성은 2005년까지 이를 2만 명으로 늘릴 계획이다. 콘텐츠, 소프트화를 지향하는 삼성전자의 미래전략이 교육과정에 그대로 반영되고 있는 셈이다.

## 산 · 학협력

삼성전자의 산 · 학협력 프로그램은 국내 톱 클래스 대학과 공동 석 · 박사 과정을 운영하는 단계까지 이르렀다.

'1+1, 2+2' 라고 불리는 산 · 학프로그램이 바로 그것이다.

연세대(디지털), 고려대(통신), 성균관대(반도체), 한양대(소프트웨어), 경북대(전자공학) 등과 공동으로 운영하는 이 과정은 1년 간 대학원에서 공부한 뒤 나머지 1년 간을 해당업무에 종사할 경우 석사학위를 주는 프로그램.

2+2는 박사과정이다. 각 커리큘럼은 대학과 삼성전자 공동의 지식재산권으로 등록돼 있다. 2001년 말 현재 이 과정을 이수한 직원은 149명. 2002년엔 95명이 신규로 등록됐다.

## 퇴직후 재취업까지 일괄관리

서울 태평로에 있는 삼성전자 본관 지하 1층에는 다른 기업에는 없는 부서가 있다. CDC(Career Development Center)라는 이름의 이 부서는 말 그대로 직원들의 경력관리를 대행해주는 역할을 맡고 있다. 퇴직임원들의 재취업도 여기서 이뤄진다. 다른 기업들이 아웃플레이스먼트 회사를 지정하는 것과는 대조적이다.

연간 400명의 임직원들이 CDC를 통해 새로운 직장을 찾는다. CDC는 2001년 이건희 회장의 지시로 만들어졌다. 입사부터 퇴사까지 인사팀이 관리하는 셈이다.

우수인력의 유지를 위한 조직관리 시스템도 철저하다. 인사팀의 주요 업무 중 하나는 전사업부문에 걸친 직무분석. 부가가치가 높은 업무 위주로 조직을 재편성하기 위해서다. 1인당 부가가치를 밑도는 직무는 비용발생 요인으로 간주된다. 물류·총무 등 필요하지만 부가가치가 낮은 업무는 분사를 통한 아웃소싱으로 해결하는 식이다.

1인당 생산성을 높이기 위해 삼성전자 재교육 프로그램에 투자하는 돈만 연간 500억 원. 1인당 평균 100만 원이 넘는다.

# 6 CHAPTER

# 신상필벌 평가 시스템

## 능력만큼 대접하고 일한 만큼 보상한다

삼성그룹 계열사의 CEO가 받는 연봉 중 직책(대표이사) 기본급이 차지하는 비중은 25%에 불과하다. 나머지 75%는 주가상승률과 수익성 지표인 EVA, 목표대비 실적달성률 등에 따라 매년 다르게 결정된다.

R&D, 마케팅 등 기업의 장기적인 경쟁력 향상 여부까지 평가대상이다.

일반 임직원의 경우도 연봉에서 차지하는 기본급 비중은 60%선에 그친다. 나머지는 물론 실적에 의해 좌우된다. 신상필벌과 성과보상주의.

능력만큼 대접하고 일한 만큼 보상한다는 이 원칙은 삼성전자가 세계적 경쟁력을 갖추게 된 큰 배경의 하나로 꼽힌다.

1985년 33세에 대우이사로 입사, 1989년 이사, 1992년 상무, 1994년 전무, 1996년 부사장, 2000년 대표이사 사장. 진대제 삼성전자 디지털 미디어 네트워크 총괄사장의 입사 후 경력이다.

진 사장은 1996년 그룹 내 최연소 부사장이 된 것을 비롯해 삼성그룹의 각종 인사기록을 갈아치웠다.

메모리 반도체 사업을 책임지고 있는 황창규 사장은 1992년 입사 후 꼭 10년 만에 사장자리에 올랐다.

이기태 정보통신 부문 총괄사장은 1996년 상무가 됐지만 불과 5년 만에 사장이 되는 기염을 토했다.

연간 몇조 원의 이익을 내는 삼성전자를 대표하는 핵심인력들은 대부분 이처럼 출세가도를 달리는 인물이다.

### 신상필벌 인사원칙

삼성이 발탁인사를 하는 데는 3년 연속 A등급 이상 인사고과를 받아야 한다는 점과 함께 업적 기여도가 탁월해야 한다는 조건이 붙는다. 두 단계를 뛰어넘는 발탁인사 대상자는 전체 승진자의 2% 안팎이다.

최고 경영자의 경우는 구조본 인사위원회 심의를 거쳐야 한다. 실적 외에 업무자세, 대인관계, 조직관리 능력, 사업실패 사례 등도 심의 대상에 오른다.

심지어는 사생활에서도 결격사유가 없는지 조사한다. 그만큼 철저히 검증된 인물이 선발된다는 뜻이다. 삼성에서 CEO되는 것이 장관되기보다 더 어렵다는 얘기가 나오는 이유다.

발탁인사가 조직 운영상 중요한 축의 하나라면 이와는 대비되는 또 다른 축이 있다. 실패했을 경우의 철저한 책임 문책이 바로 그것이다. 뇌물수수 등 비리가 적발된 경우에는 직위고하를 막론하고 즉시 자리에서 떠나야 한다.

이런 때는 예외가 없다. 이들에 대한 구명활동조차 금지된다.

다만 실적부진의 경우에는 다소간 예외가 있다. 경기 상황이나 업종별 특수성 등을 감안하는 것이다. 그러나 3회 연속 실적이 나

### 삼성전자 인사평가 시스템

| 구분 | 직군 | 사원 | 간부 |
|---|---|---|---|
| 전사공통 핵심역량 | 전직군 공동평가 항목 | 가치혁신/고객중시/ 전문성(40~50%) | |
| 계층별 핵심역량 | | 책임감 (20%) | 리더십/ 전략기획/ 인재육성 (30%) |
| 직군별 핵심역량 | R & P / 디자인 / 영업/마케팅 / 기술 / 제조 / 지원 | 성취지향성/문제해결/ 정보력/협조성/의사소통/ 도전정신/국제화/의사결정 등 8개항목 중 1~3개 선택(20~40%) | |

※( )은 평가비중

쁘면 승진을 기대하기 어렵다.

경영진단─사업성 재검토─사업철수 등의 단계로 사업부에 대한 판단이 내려진다. 연고 채용과 정실 인사는 철저히 배격된다.

삼성 입사지원서에는 출신지를 기록하는 난이 없다. 지연·학연·인연 등 '3연(緣)의 배격'을 인사의 오랜 전통으로 삼고 있다. 고 이병철 선대 회장의 조카가 그룹 공채에 응시했다가 성적 미달로 가차없이 '잘린' 전례가 있을 정도다.

CEO 간에도 인사청탁은 하지도, 받지도 않는 것이 예의다.

회사발전에 기여한 임직원 자녀에게 채용시 5~10%의 가점을 주는 연고채용제조차 외환위기를 거치면서 없어졌다.

### 정교한 인사 시스템

매년 초 삼성전자 인사팀은 250개 문항으로 이뤄진 '인사평가 지침'을 각 사업부문에 내려보낸다.

16개 역량항목(카테고리)으로 이뤄진 이 가이드북에 따라 각 팀장들은 부서 및 직군별 특성에 따라 5~8개 항목을 선택, 팀원에 대한 인사고과를 매긴다.

영업부문은 도전의식에, 마케팅부문은 국제화에, 지원부문은 문제해결 역량에 높은 가중치를 부여하는 식이다.

본사 인사팀은 일절 관여하지 않는다. 채용에서부터 배치, 보직변경, 퇴사조치 등 모든 인사권한은 사업부로 넘어간 지 오래다. 인사평가는 곧 연봉과 직결된다.

1998년부터 도입된 삼성전자 연봉제의 특징은 철저한 차별주의. 기본급 60% 외에 40%를 차지하는 능력급이 변수다. 능력급 평가에서 최고점수인 '가' 등급을 받은 경우 능력급의 최대 130%까지 지급된다.

반면 최하위 등급인 '마' 등급을 받을 경우 기본급도 제대로 받지 못한다. 최소한 '다' 등급을 받아야 평균 연봉을 챙길 수 있다. 연봉을 근거로 지급되는 이익배분제(PS)까지 포함할 경우 같은 직급이라도 최대 5배 이상 격차가 벌어진다.

## 이익 초과달성 땐 20%내 분배

2002년 초 삼성전자 반도체, 무선사업부 소속 과장급 엔지니어 6명은 각각 1억 5,000만 원의 현금을 회사로부터 일시불로 받았다. 연봉과는 별도로 주어지는 기술개발장려금(technology development incentive)이다. 주식이나 부동산 투자, 아니면 벤처 투자자나 꿈꿔볼 수 있었던 '대박'을 터뜨린 셈이다. 예전 같으면 회사가 아무리 엄청난 순익을 내도 100~200% 특별상여금을 받는 게 고작이었다.

CEO들의 연봉도 파격적이다.

2001년 윤종용 부회장 등 사내 등기이사 7명이 받은 보수는 1인당 평균 36억 7,000만 원. LG전자(7억 9,000만 원)의 4.6배, 현대자동차(4억 8,000만 원)의 7.6배에 달한다.

삼성전자가 연간 집행하는 임금예산만도 조(兆) 단위에 달한다.

삼성전자의 성과 시스템은 개인의 능력에 따라 급여를 달리하는 연봉제외에 전임직원을 대상으로 한 집단성과배분제인 생산성 격려금(PI), 이익배분제(PS) 등이 대표적이다.

### 이익배분제(profit sharing : PS)

1년 동안 경영실적을 평가해 당초 목표로 잡은 이익을 초과달성했을 경우 초과분의 20%를 임직원들에게 나눠주는 제도다. 결산이 끝난 후 연 1회 지급한다.

지급한도는 연봉의 50%. 무선사업부와 디지털 비디오 사업부는 2002년 연봉의 50%를 받았다. PS 50%를 추가로 받는 직원은 매년 5% 연봉인상을 전제로 할 경우 7년 뒤에 받을 연봉을 받는 셈이라는 게 인사팀 관계자의 설명이다.

삼성이 PS를 도입한 것은 지난 2000년. 개인별 차등보상을 지향하는 연봉제의 한계를 보완, 팀이나 회사의 집단적 경영성과를 높이도록 동기를 유발하자는 게 목적이었다.

### 생산성격려금(productivity incentive : PI)

PI 제도가 도입된 것은 10년 전인 1992년. 경영을 잘 했든 잘못했든 직원들은 일정 보수를 받는 고정급이 대부분이었던 때였다. 고정급 보수체계로는 임직원들의 창의성을 높이는 데 한계가 있다는 사실을 절감하고 굳은 조직을 유연한 조직으로 바꾸기 위해 도입된 것이 바로 PI다.

그룹 구조조정본부 재무팀이 제도의 틀을 만들어 계열사에 보급했고 삼성전자는 이를 구체적 경영 현장에 맞게 보완, 발전시켰다.

PI는 경영목표 달성 및 개선정도를 평가해 반기(1, 7월)별로 차등 지급된다. 평가는 회사—사업부—부서 및 팀 등 3단계로 이뤄진다.

평가기준은 회사, 사업부, 부서(팀)가 각각 반기에 얼마나 수익을 냈는가로 EVA, 캐시플로, 주당수익률 등을 따져 각각 A·B·C 등급을 매긴다.

따라서 AAA(회사—사업부—팀)에서부터 DDD까지 27단계로 평가되는 셈이다.

평가 결과에 따라 최우수 등급은 연간 기본급의 300%를 받는 반면 최하위등급은 한 푼도 받지 못한다.

예를 들어 무선사업부나 디지털 비디오 사업부 소속 직원들은 2001년 하반기 회사(삼성전자)가 A등급, 사업부와 팀도 A등급으로 판정받아 150%의 PI를 받았다.

반면 상대적으로 수익을 내지 못한 메모리 사업부나 TFT-LCD사업부는 50%밖에 받지 못했다.

# 체계적 경영진단

## 부정은 암이다

2001년 어느 날 서울 태평로 삼성전자 본사 건물.

엘리베이터 바로 옆 안내 데스크 앞에 서 있던 두 사람의 얼굴에 당황한 기색이 역력했다. "두 분은 출입금지자로 분류돼 있어 들어가실 수 없습니다"라는 안내요원의 차가운 말이 떨어졌기 때문이다.

이들은 삼성전자의 협력업체 임원들이었다. 정확하게 말하자면 작년에 납품비리건으로 적발된 업체의 임원들이다. 비리가 적발된 뒤 거래가 끊어져 어떻게든 관계를 복원해볼 요량으로 찾아온 길이었다.

딱 한 번 실수였으니 통사정을 해보자는 희망은 물거품이 된 채 문전박대를 당하고 말았다.

삼성전자 안내 데스크에는 이처럼 출입금지자 명부가 존재한다.

납품비리건 등으로 거래가 중지된 업체의 주요 임원 몇십 명이 이 리스트에 올라 있다.

명단에 오르면 영구히 출입이 정지된다. 부정(不正)은 결코 용납하지 않고 그 싹은 사전에 철저히 잘라버리겠다는 의지가 배어 있다. 이건희 삼성그룹 회장은 늘 이렇게 강조한다.

"부정은 암(癌)이며 전염병이다. 부정이 존재하는 한 회사는 결국 망한다"

부정은 있어서도 안 되고 있을 수도 없다는 것이다. 부정에 관한한 삼성은 거의 결벽증세를 보인다. 고 이병철 선대 회장 때부터 그랬다.

삼성하면 '돈, 엘리트, 부정감사'가 떠오른다는 말이 있을 정도다. 그만큼 부정을 적발하는 데 철두철미하다.

2001년만 해도 삼성물산 건설부문, 삼성전자 반도체구매 부문에서 대규모 부정이 적발됐다. 관련자들은 줄줄이 옷을 벗었다. 처벌은 일벌백계로 다스린다. 국가기관에서조차 감사에 관해선 한 수 배워야 한다는 이야기까지 나돈다.

감사에 대한 성격이 달라진 건 이건희 회장이 취임하면서부터다.

요즘은 감사라는 말 자체가 거의 사용되지 않는다. 대신 경영진단(business consulting)이라는 용어가 생겨났다. 감사는 이미 발생한 부정을 적발하는 사후적 조치다.

이 회장은 사후적 조치만으로는 부족하다고 지적했다. 손실을 없앨 수 있는 기회가 상실된다는 점에서다. 부정이 일어나지 않도록 예방하지 못하면 불필요한 손실이 생긴다는 뜻이다. 각 계열사와 구조본에 구성된 경영진단팀의 기능은 그래서 옛날 감사팀에 비해 훨씬 광범위해졌다.

부정을 적발하는 것은 기본이다. 더 큰 임무는 부정이 발생하지 않도록 미리 조치하는 것이다.

부실우려가 있는 회사나 사업부문에 대해 객관적인 관점에서 미리 점검해 부실을 예방하는 임무도 주어졌다.

경영진이 놓치기 쉬운 우수인력을 발굴하고 육성하는 것도 주요 역할의 하나가 됐다.

경영진단에는 열외가 없다. 문제가 있는 곳엔 어디든 청진기를 들이댄다. 경영진단은 이 회장의 지시나 경영진단팀의 자체 판단 등으로 실시된다. 그렇다고 칼로 베는 일만 하는 건 아니다. 치료방법을 조언하고 방향을 제시한다. 사업부문이 가진 경쟁력이 어느 정도인지 냉혹할 정도로 샅샅이 파헤친다.

예컨대 TV 부문의 경영진단은 국내외 경쟁사 TV와 삼성전자 TV를 몽땅 분해하는 것에서부터 시작된다.

구매부문, 물류부문, 기술개발 능력 등 모든 것이 대상이다. 이를 통해 경쟁력이 어느 정도인지, 모자라는 부문이 무엇인지를 냉정하게 가려낸다.

이를 통해 사업전략이 다시 짜여지고, 중장기 비전이 만들어진다.

삼성전자의 해외법인 모두가 흑자를 기록하게 된 것은 지난 1997년 해외법인을 대상으로 실시한 경영진단이 시발점이 됐다고 회사

관계자들은 입을 모은다.

1999년 적자사업의 오명을 안았던 디지털 가전분야가 작년에 1조 원의 순이익을 낸 것도 경영진단의 터널을 통과한 뒤부터라는데 이의를 다는 사람이 별로 없다.

중앙연구소는 장기 프로젝트를 담당하고, 디지털·반도체 등의 사업부문별 연구소에선 단기과제를 연구토록 한 것도 경영진단을 통해 나온 답안이다.

물론 문제를 발견하고 이를 시정하는 것은 각 사업부문장이나 CEO가 할 일이다. 그러나 제3자적 입장에서 보면 또 다른 문제가 보인다는 게 구조조정본부 경영진단팀 관계자의 지적이다.

최근 경영진단 작업에 들어간 호텔신라가 대표적 예다. 서비스의 질이 떨어지고 있는데 정작 당사자들은 이를 느끼지 못하고, 또 치유방법을 찾지 못하고 있었다는 것.

경영진단은 팽팽한 긴장감 속에서 진행되는 게 일반적이다. 끊임없는 질문과 토론, 그리고 확인작업 속에서 이뤄진다. 상식적으로 생각하면 경영진단을 받는 사람의 속이 편할 리가 없다.

그러나 최근에는 경영진단을 오히려 적극적으로 받으려는 분위기가 생겨났다. 이 회장이 경영진단팀에 "경영진이 미처 파악하지 못한 우수인력을 발굴하라"는 지침을 내린 뒤부터다.

"경영진단을 실시하다 보면 뛰어난 역량을 갖고 있거나 큰 공헌을 했는데도 업무 시스템 문제로 제대로 평가받지 못하는 인원을 발견하게 된다"고 구조본 경영진단팀 관계자는 설명했다.

| 부정 판단 기준 예 | | | |
|---|---|---|---|

| 유 형 | | 부정 판단 기준 | 행 동 지 침 |
|---|---|---|---|
| 거래<br>업체나<br>거래를<br>희망<br>하는<br>업체로<br>부터 | 상품권,<br>구두티켓<br>등 수수 | • 금액과 이유불문 현금수뢰에 준하<br>는 부정행위에 해당 | • 거절이 원칙이고 부득이 수령할 경<br>우 상사에 보고 후 되돌려주며 되<br>돌려주지 못할 경우 공적인 활동에<br>사용후 결과를 감사부서에 통보 |
| | 경조금<br>수수 | • 사회통념상 인정하는 금액초과시<br>(10만 원 이상)<br>• 거래선에 경조사실을 사전에 공지<br>하거나 안내장을 전달하거나 발송<br>하는 행위 | • 업체가 알고 경조금을 낸 경우에<br>도 10만 원을 초과하면 전액 되돌<br>려줘야 함<br>• 부서장은 업체에 주의 조치 |
| | 교통비<br>수수 | • 국내외 출장시 동반한 업체로부터<br>숙박 교통비를 제공받는 행위 | • 업체제공 교통숙박비는 거절해야<br>하며 거래서주관 초청행사의 경우<br>사전 상사의 허가를 득해야 함 |
| | 향응 | • 1인당 2만 원 이상의 식사나 술대<br>접을 받는 것은 부정에 해당<br>• 접대를 암시하거나 요구하는 것도<br>고의적 부정행위에 해당 중징계<br>대상 | • 거래업체와 상담 회의중 식사가<br>겹칠 경우 회사가 비용부담을 원<br>칙으로 함<br>• 어쩔 수 없이 업체가 지불할 경우<br>1인당 2만 원 이하이어야 하며 횟<br>수가 빈번해서는 안 됨 |
| 거래업체에<br>지분투자 | | • 이해관계가 있는 거래선에 업무관<br>련이 있는 임직원이 지분투자하는<br>것은 부정행위임 | • 거래과정에서 특혜가능성이 있으<br>므로 절대 금해야 함 |
| 보안관련 | | • 근무시 취득한 정보를 외부에 누<br>설하거나 개인재산 증식에 이용하<br>는 것은 부정행위에 해당되며 형<br>사고발 대상임<br>• 인터넷을 통해 타인을 비방하거나<br>음란영상, 문서를 배포하는 행위 | • 근무시 취득한 정보는 소유권이<br>회사에 있으므로 임의로 유출하거<br>나 사적으로 이용해서는 안 됨<br>• 타인명예를 훼손시키거나 음란 영<br>상, 문서를 주고받는 불건전한 행<br>위는 금해야 됨 |
| 상사와<br>부하 간<br>관계 | | • 상사는 부하사원에게 격려조로 소<br>정의 선물을 줄 수 있으나 부하가<br>개인적으로 상사에게 금품을 제공<br>하는 것은 이유 여하를 불문하고<br>부정행위에 해당됨 | • 상사에게 개인적으로 금품을 제공<br>하는 것은 승진, 고과, 연봉 등에<br>혜택을 받기 위한 청탁으로 보일<br>수 있으므로 원칙적으로 금함 |

지난 1997년부터 2001년까지 100명 가까운 인력이 경영진단을 통해 발탁됐다. 과장이 부장급 차장으로 승진하기도 했다.

"경영진단을 받는 직원이 방어적 태도를 보이기보다 적극적으로 자신의 성과물을 설명하고 이를 인정받으려 하는 새로운 풍속도가 나타나고 있다"고 경영진단팀 관계자는 귀띔했다.

이 같은 경영진단기법은 일본의 유명전자업체들이 벤치마킹하기도 했다.

그룹 구조조정본부 고위관계자는 "경영진단은 일종의 의료행위다. 썩은 곳은 도려내지만 왜 상처가 났는지 파악하고 앞으로 상처가 나지 않도록 하는 게 더 중요한 임무다"라고 말한다.

부정감사가 아닌 프로세스 개선, 책임 추궁보다는 대안 마련, 단기적 업적보다는 효율 극대화에 경영진단의 초점이 맞춰지고 있다는 얘기다.

## 철저한 부정방지 시스템

경영진단팀이 가장 고민하는 대목은 부정을 방지하는 시스템을 구축하는 일이다.

10년 전만 해도 "오른쪽 주머니엔 공금만 넣고, 왼쪽 주머니는 개인 용도로 사용하라"는 지침이 통했다. 그러나 사회 분위기가 달라지면서 이 같은 주먹구구식 방식은 통하지 않는다.

자금을 추적해 부정을 찾아내기는 쉽지 않다. 주변 사람을 탐문하는 과정에서 반발을 살 때도 많다. 더 큰 문제는 부정을 저질렀지만 부정인 줄 모르는 젊은 사원들이 있다는 것. "거래업체와 소주 한 잔 할 수 있는 거지, 뭐 그런 것까지 간섭하느냐"며 불만을 내비치는 직원도 있다. 경영진단팀은 그래서 부정을 막을 수 있는 시스템을 구축하는 데 힘을 쏟고 있다.

부정이 발생할 수 있는 토양을 제거한다는 것이다. 돈을 직원들이 직접 만지지 않게 하는 작업이다. 전자구매는 기본이다.

부품을 사업부가 아닌 본사에서 통합구매하는 시스템도 그래서 발달했다. 경비지출에 대한 체크 시스템도 이중 삼중으로 짜여져 있다. 임직원이 준수해야 할 매뉴얼도 제시돼 있다.

예컨대 거래업체와 식사할 경우 비용이 1인당 2만 원이 넘으면 무조건 삼성사람이 돈을 내야 한다. 그렇지 않으면 향응을 받은 것으로 간주한다. 차비하라고 택시 안으로 던져넣은 돈 5만 원을 소액환으로 돌려보내지 않았다고 징계를 받은 사원도 있다.

경영진단팀 관계자는 "가장 중요한 것은 교육"이라고 지적한다. 도덕성을 강조하는 '삼성헌법'이 몸에 배도록 철저한 교육을 시킨다는 것.

신입사원 때는 물론 과장, 부장, 신규임원 등 단계별로 부정방지 교육 프로그램이 가동되고 있다. 전문강사도 자체적으로 육성한다. 부정이라는 단어가 적어도 '삼성의 사전'에는 존재하지 못하도록 하겠다는 뜻이다.

## 8 CHAPTER

# 다양한 사업 포트폴리오

## 과감한 구조조정으로 핵심경쟁력 확보

"삼성전자가 위험한 상황에 처해 있다. 1996년에 급락한 16메가 D램 가격이 1997년에도 별반 나아지지 않았다. 이건희 회장은 식기세척기와 카네비게이션용 칩에 이르기까지 각종 비메모리 반도체로 사업을 다각화하기를 원하고 있다(〈비즈니스위크〉1998년 3월 23일)."

지난 1997~98년 외환위기 당시 서구의 전문가들은 삼성전자에 대해 주력사업인 메모리 반도체 이외의 사업을 포기하라고 권고했다. '선택과 집중'이라는 원론적인 잣대를 들이대고 핵심업종을 제외한 사업을 모두 처분하라고 했던 것. 그러나 이제는 그들의 시각이 달라졌다. 오히려 반도체, 통신, 디지털 미디어, 가전 등 각 사업을 고루 갖추고 있는 것이 삼성전자의 강점으로 부각되고 있다.

"반도체 부문의 의존도를 낮추는 대신 휴대전화 단말기와 디지털·가전 부문 등으로 이익구조를 분산시키는 사업 다각화 전략이 성공을 거두고 있다(〈포브스〉 2002년 1월)"며 칭찬을 아끼지 않는다.

2001년 세계 IT 업계의 극심한 실적악화 속에서도 삼성전자가 2조 9,500억 원의 이익을 내자 새로운 눈으로 바라보기 시작한 것이다. 특히 업계에서 주목하고 있는 것은 지난 1997년부터 수출되기 시작한 휴대전화가 메모리 반도체에 이어 새로운 '캐시카우'로 등장한 사실. 주력인 반도체 부문 영업이익이 2000년 6조 원대에서 2001년 6,900억 원으로 급격히 줄었지만 휴대전화 부문은 7조 원의 매출을 올리며 1조 2,000억 원의 이익을 벌어들였다.

2001년 휴대전화를 포함한 정보통신 부문은 9조 원 매출에 1조 3,700억 원의 영업이익을 기록, 전체 영업이익 2조 3,000억 원의 절반 이상을 차지했다.

디지털 미디어(2,900억 원), 생활가전(1,800억 원) 등도 고루 이익을 냈다.

"반도체가 돈을 못 벌면 다른 부문이 벌어주는 사업 포트폴리오의 위력이 발휘된 것"이라고 윤종용 부회장은 설명한다.

전병서 대우증권 연구위원은 "디지털·가전과 휴대전화가 반도체 경기침체 때 완충역할을 할 수 있다는 사실이 극명하게 입증된 것"이라며, "방향을 잘 잡았던 것"이라고 말했다.

이익의 내용을 뜯어보면 각 부문이 고루 경쟁력을 갖추고 있음을 알 수 있다. 휴대전화는 업계 1위인 노키아를 비롯해 대부분의 회사들이 순익이 감소하거나 적자를 기록하는 가운데 이익을 내 더욱 빛났다.

반도체의 경우도 주력인 D램 시장이 사상 최악의 침체를 겪고, 대부분 업체들이 큰 폭 적자에 시달린 데 비하면 탁월한 실적을 올린 셈이다. D램 업계 2위인 미국의 마이크론테크놀로지는 지난 2월 말까지 3개월 동안 3,040만 달러의 적자를 낸 것을 비롯해 5분기 연속적자를 기록했다.

세계 가전업체들이 부진한 실적을 내고 있는 생활가전 분야에서도 1,800억 원의 영업이익을 남겨 2001년에 비해 떨어지지 않았다. 매출액 대비 영업이익률도 5.8%로 경쟁업체들에 비해 낮지 않은 수준이다.

사업구성이 유사한 일본기업과 비교해보면 삼성전자의 경쟁력은 더욱 뚜렷하게 드러난다. 지난 3월 말 끝난 2001년 결산 결과 마쓰시타와 NEC, 후지쓰, 도시바 등 일본의 종합전기전자 회사들은 대규모 적자를 낸 것으로 추정됐다.

일본 종합전기전자 5사의 경우 반도체의 이익률이 2000 사업연도 16%에서 지난해 −19.9%로 크게 악화되고 통신기기는 9%에서 −1.9%로 악화된 탓이라는 게 〈이코노미스트〉의 분석이다.

삼성전자 전체의 2001년 매출액 대비 영업이익률은 7%. 게임기 덕분에 겨우 적자를 면한 일본의 간판업체 소니가 2001년 말까지 9

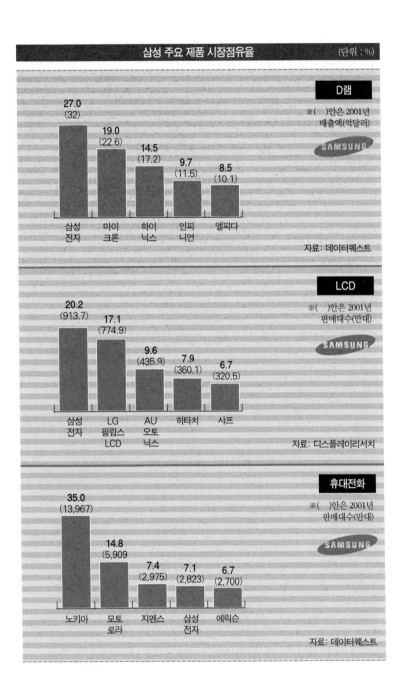

삼성 주요 제품 시장점유율　(단위 : %)

## D램

※( )안은 2001년
매출액(억달러)

SAMSUNG

- 27.0 (32) 삼성전자
- 19.0 (22.6) 마이크론
- 14.5 (17.2) 하이닉스
- 9.7 (11.5) 인피니언
- 8.5 (10.1) 엘피다

자료: 데이터퀘스트

## LCD

※( )안은 2001년
판매대수(만대)

SAMSUNG

- 20.2 (913.7) 삼성전자
- 17.1 (774.9) LG필립스LCD
- 9.6 (435.9) AU오토닉스
- 7.9 (360.1) 히타치
- 6.7 (320.5) 샤프

자료: 디스플레이리서치

## 휴대전화

※( )안은 2001년
판매대수(만대)

SAMSUNG

- 35.0 (13,967) 노키아
- 14.8 (5,909) 모토로라
- 7.4 (2,975) 지멘스
- 7.1 (2,823) 삼성전자
- 6.7 (2,700) 에릭슨

자료: 데이터퀘스트

개월 간 기록한 이익률 2.8%를 크게 웃돈다.

게임기, 영상, 금융 등을 제외하고 매출의 대부분을 차지하는 전자사업만 계산하면 소니의 이익률은 1.2%로 떨어진다.

이는 삼성전자가 다양한 사업 포트폴리오를 갖고 있으면서 각 부문이 내부적으로 과감하게 구조조정을 실시해 핵심경쟁력을 확보하는 데 성공한 결과다. 가전의 경우만 해도 세탁기, 냉장고, 에어컨, 전자레인지 등 경쟁력이 있는 4개 품목에 집중하고 나머지 소규모 품목들은 분사 등의 형태로 구조조정을 했다.

또 방위산업용 전자사업, 전력용 아날로그칩 사업 등을 모두 분사하거나 해외에 매각 또는 합작했다.

한 회사의 울타리 안에 있는 반도체와 통신, 디지털·가전은 "단순히 경기를 완충하는 역할을 넘어 시너지 효과를 발휘하는 단계로 들어섰다"고 전 연구위원은 평가했다.

휴대전화 사업도 단기간에 급성장할 수 있었던 것은 반도체 기술의 뒷받침이 있었기에 가능했다. 40화음을 구현할 수 있는 칩과 휴대전화용 디스플레이 컨트롤러칩 등의 비메모리, 플래시메모리와 S램 등 메모리를 반도체 사업부에서 지원했다.

또 비메모리 사업부에서 직원 80여 명을 전보 또는 파견형식으로 통신 부문으로 보내 모뎀칩을 개발하고 있다.

반도체 사업부로서는 PC에 주로 의존했던 사업의 영역을 확대하는 효과를 얻었다.

"같은 회사인 만큼 휴대전화의 시스템에 대한 지식을 쉽게 얻을 수 있는 장점이 있다"고 임형규 비메모리 사업담당 사장은 말한다.

비메모리 사업부와 디지털 미디어 사업부는 셋톱박스와 HDTV를 공동으로 개발하고 있다. 셋톱박스는 비메모리 사업부에서 주관하고 HDTV는 디지털 미디어 쪽에서 주관해 서로 인력을 파견했다. 시스템 설계는 디지털 미디어 쪽에서, 반도체 설계는 비메모리 쪽에서 맡는 식이다.

삼성전자는 각 사업부 간 협력의 결과물들을 본격적으로 내놓고 있다.

DVD 플레이어와 디지털 TV, HDTV에는 자체적으로 공급한 칩들의 비중이 확대되고 있다. 또 2002초 출시한 휴대용 PC '넥시오'에는 삼성의 CPU가 인텔의 CPU를 대체할 전망이다. 휴대전화 사업의 성장에 힘입어 통신용 모뎀 칩의 수준도 시장을 독점하다시피 하고 있는 퀄컴사와 대등한 수준에 이르렀다.

반도체 · 통신 · 가전 · 컴퓨터 · 디스플레이 등을 모두 구비하고 있는 삼성전자가 디지털 제품들이 융합되는 '디지털 컨버전스' 시대에 최적의 조건을 갖추고 있다고 윤 부회장은 말한다.

특히 각종 가전제품과 정보기기들이 하나로 통합되는 홈 네트워크, 오피스 네트워크, 모바일 네트워크 시대에는 삼성전자의 위력이 더 커질 것이라고 윤 부회장은 기대하고 있다.

디지털 제품의 융합이 효과를 내면서 해외 전문가들의 시각도 달라지고 있다. 한 유명 컨설팅 업체의 대표는 "미국에서도 선택과 집중을 강조하는 전략에서 무형자산과 네트워크 융합을 강조하는 전략으로 바뀌고 있다"고 설명했다.

이학수 구조조정본부장은 "삼성전자의 사업 포트폴리오 자체가 경쟁력을 갖고 있다"며, "이는 지난 1988년 이건희 회장이 경영을 승계한 직후 종합가전회사이던 삼성전자와 삼성반도체통신을 합병한 것에서부터 시작됐다"고 지적했다.

이 회장은 당시 "기존 가전제품의 다기능화와 고부가가치 제품을 개발하기 위해서도 반도체와 PC, 가전 등의 기술을 통합·활용할 필요가 있다"며 결단을 내렸다.

## 막강한 제품 경쟁력— 메모리 등 세계 1위

삼성전자는 앞으로 다가오는 디지털 컨버전스 시대에 가장 적합한 사업구조와 제품군을 갖추고 있다고 스스로 자부한다.

반도체, 통신, 가전, AV, 컴퓨터, 디스플레이 등 다양한 제품군을 모두 갖고 있는 업체는 드물다는 설명이다.

D램과 플래시메모리 S램 등 메모리 분야에서는 세계 1위의 탄탄한 경쟁력을 확보하고 있다. 이를 바탕으로 각종 제품에 들어가는 시스템온칩을 공급하는 비메모리 사업도 대대적인 확대를 추진하고 있다.

또 LCD와 컬러 모니터 등 디스플레이와 전자레인지에서도 세계 1위다. 휴대전화는 2001년 세계 4위에서 2002년 3위권에 진입할 것으로 예상된다.

시장이 커지고 있는 디지털, TV, HDTV 등에서도 삼성전자는 선두경쟁을 벌이고 있다. 디지털 TV나 3세대 휴대전화 사업을 하고 있는 업체 중에서 반도체 기반이 갖춰진 회사는 삼성전자밖에 없다고 전병서 대우증권 연구위원은 분석한다.

앞으로 3세대 휴대전화에 들어가는 디지털 동영상처리 칩과 디지털 TV용 메모리를 자체 제작할 수 있는 회사는 삼성전자가 유일하다는 것.

종합전자회사로 홈 네트워크를 차세대 사업으로 추진하고 있는 일본 소니의 경우 통신사업에 진출했다가 쓰라린 실패를 맛봤다.

소니는 휴대전화가 향후 사업의 주축이 될 것이라며 눈길을 끄는 디자인으로 여러 제품을 2001년 출시했다.

하지만 제품 불량으로 3억 4,000만 달러의 손실을 보고 에릭슨과 합작하는 수밖에 없었다.

도시바와 NEC, 히타치의 경우 2001년 적자를 견디다 못해 D램 사업에서 완전히 손을 떼기로 했다.

통신반도체 회사인 모토로라의 경우 컴퓨터와 가전사업 부문이 없다.

필립스는 휴대전화 사업은 하고 있지만 전반적으로 통신 분야가 약하다는 평을 듣고 있다.

상대적으로 삼성전자의 강점이 더욱 주목받고 있는 이유다.

# 9 CHAPTER

# 브랜드 이미지 관리

## 선견, 선수, 선제, 선점 전략

지난 1997년 한국을 강타한 외환위기는 그 동안 국내 기업들에 누적돼왔던 모든 문제점을 적나라하게 노출시켰다. 그러나 이 시련을 삼성전자는 오히려 '축복'으로 전환시키는 데 성공했다.

이 때까지만 하더라도 삼성전자는 제품을 찍어서 해외로 실어나르고 싼 가격에 물건을 풀어놓는 수준이었다. 개별 상품의 판매광고가 마케팅의 전부였다. 그나마 지역별로 따로 놀았다.

당시 해외법인이 각기 사용한 광고대행사만 55개. '삼성'을 보여줄 수 있는 공통된 이미지를 연출하지 못했다. 제품은 소비자의 외면을 받았고 판매부진은 덤핑 판매로 이어졌다.

이건희 회장은 외환위기 이전인 지난 1996년 5월 "현재 C급인 삼성의 이미지를 A급까지 끌어올리는 방안을 강구하라"고 지시했다.

그룹 차원의 브랜드 전략이 수립된 것은 1년 4개월 뒤인 1997년 9월, 실행지침이 마련된 것은 1997년 12월이었다.

원화 대 달러 환율이 2,000원 대에 육박하던 때였다.

## 톱-다운 전략

시작은 늦었지만 처방은 신속했다. 가장 시급한 것은 글로벌 CI(corporate identity)와 브랜드의 확립.

구조본은 전자 외의 계열사가 해외에서 삼성 브랜드를 사용하지 못하도록 했다. 전자 이외의 계열사가 해외에서 삼성 브랜드를 사용하기 위해서는 그룹 '브랜드 위원회'의 사전 승인을 받도록 했다.

연간 1억 달러 규모의 그룹 공동 브랜드 마케팅 펀드도 조성했

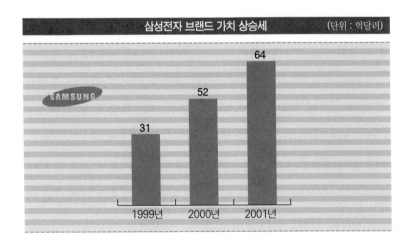

삼성전자 브랜드 가치 상승세 (단위 : 억달러)

64
52
31

1999년 | 2000년 | 2001년

다. 스포츠 마케팅은 현재 구조본에서 자체 사업예산을 갖고 집행하는 사실상 유일한 사업이다. 브랜드 전략은 철저한 톱–다운 방식을 채택했다. 1998년 당시 구조본이 진단한 삼성 브랜드의 위상은 '저가', '저품질', '모방' 등 이미지 '진공' 상태였다.

이순동 구조본 홍보팀장(부사장)은 "미국과 유럽 등 선진국을 최우선 투자대상으로 선정해 디지털 기업 이미지를 심는 정면돌파를 시도했다"고 말했다.

개방적이고 친근하면서도 첨단 디지털 기업 이미지를 강조하는 'Samsung digitall, everyone's invited' 라는 단일 슬로건이 도출된 것도 이 때였다.

### 올림픽 마케팅

이 회장이 올림픽 파트너십을 브랜드 마케팅의 핵심수단으로 활용토록 제안한 것은 1993년 6월.

"올림픽과 관련 있는 사업에 적극 참여하고 2000년 올림픽 계획을 세워야 한다. 삼성의 위상과 올림픽의 이미지가 맞아떨어진다면 그룹 이미지를 바꿀 수 있는 절호의 기회다"라고 강조했다.

이 지시는 2000년 시드니 올림픽에서 실현됐다. 그 기반은 1998년 나가노 동계올림픽에서 마련됐다. 1996년 IOC 위원이 된 이 회장은 나가노 올림픽부터 무선기기 분야의 공식 스폰서로 경쟁사를 제치고 삼성전자를 끼워넣는 데 성공했다.

삼성전자는 올림픽을 토털 마케팅의 장으로 활용하고 있다.

2001년 2월 미국 솔트레이크시티에서 열린 동계올림픽 3개월 전부터 삼성전자의 전해외법인은 치밀한 판매전략을 수립, 실행에 들어갔다.

미주총괄 판매법인(STA)은 2001년 11월부터 2개월 간 버라이즌, 스프린트 등 통신 서비스 업체와 올림픽을 활용한 공동 프로모션을 벌였다. 전략적 제휴관계에 있는 AOL타임워너와 온라인 마케팅도 시도했다.

그 결과 전년 동기보다 매출이 20% 늘었다.

중국판매법인도 'Go, Get it'을 슬로건으로 2002개의 휴대전화를 경품으로 내건 대규모 판촉행사를 주요 30개 도시에서 벌였다.

중국의 올림픽 열기를 활용한 이 행사로 2001년 11, 12월 두 달간 매출은 전년 같은 기간보다 40%가 늘었다.

이탈리아에서는 올림픽 참가권을 내건 이벤트를 개최, 휴대전화 시장 점유율을 6.1%에서 10%대로 끌어올렸다.

장일형 삼성전자 홍보팀장(전무)은 "올림픽 기간 동안 솔트레이크시티 현지에 마련된 전시관에는 20만여 명이 방문해 하루 평균 1만 명 이상이 삼성의 디지털 기술을 체험했다"고 말했다.

CNN, CBS, NBC 등 세계적 언론에도 소개됐다. 이를 계기로 미국에서의 브랜드 인지도를 89%까지 끌어올렸다.

그 밖에도 아시안 게임, LPGA 투어(골프), 네이션스컵(승마) 등 다양한 스포츠 행사를 통해 '삼성=세계적 첨단기업'이라는 공식을 쌓아나갔다.

## 제값 받기와 MDC(market driven company)

선견(先見), 선수(先手), 선제(先制), 선점(先占). 삼성전자 임직원들이 디지털 사업전략으로 신봉하는 4가지 원칙이다.

시장변화를 먼저 보고, 남보다 한 발 먼저 움직여서, 경쟁사를 제압해 시장을 먼저 차지한다는 의미다.

디지털은 삼성에 아날로그 시대의 후발주자라는 '원죄'를 벗고 선진기업과 동일선상에서 출발할 수 있게 해줬다.

휴대전화, 핸드 PC, 디지털 TV, DVD 플레이어 등 시장이 원하는 기능과 디자인을 갖춘 제품을 경쟁사보다 빨리 시장에 출시했고, 이를 활용한 브랜드 마케팅은 적중했다.

'저품질―저가―브랜드 가치 악화―판매부진―수익성 악화' 라는 악순환 구조는 '소비자 파악―적기 출시―시장선점―프리미엄 유통확보―판매증가―브랜드가치 상승―수익성 향상' 이라는 선순환 구조로 바뀌었다.

실제로 55인치 프로젝션 TV의 미국 내 판매가격은 2,599달러로 소니(2,299달러)보다 비싸다.

2002년 8월부터 해외에서 시판될 예정인 무선통신 기능을 갖춘 핸드 PC '넥시오' 의 판매가격은 800달러선으로 책정됐다.

같은 기능을 갖춘 컴팩의 'i팩 3800' 은 640달러선이다.

VCR와 DVD 플레이어 기능을 갖춘 'DVD콤보' 는 299달러로 소니의 DVD 플레이어(200달러)보다 1.5배가량 비싸지만 60만 대 이상 판매되면서 2002년 시장점유율 1위를 넘보고 있다.

2001년에 중국에 선보인 듀얼 디스플레이 방식의 초경량 휴대전화 판매가격은 360달러로 대졸 평균월급(270달러)보다 많다. 모토로라, 지멘스 등 경쟁사 제품보다 두 배 이상 비싸지만 젊은 여성을 중심으로 30만 대 이상 팔렸다.

## 세계 40위권의 브랜드 파워

2001년 세계적 브랜드 조사기관인 영국의 인터브랜드사가 발표한 삼성전자의 브랜드 가치는 64억달러. 세계 42위다. 1999년 31억 달러, 2000년 52억 달러 등 매년 급격히 증가하고 있다. 아시아 기업으로서는 소니에 이어 2위다. 필립스, 파나소닉 등 한때 삼성을 압도했던 기업들을 제쳤다.

오동진 미주 총괄사장은 "브랜드 가치가 연 22% 성장하고 있다. 그만큼 더 많은 제품을 팔 수 있다"라고 말하고 있다.

2001년 삼성전자가 브랜드 이름과 자사제품을 알리기 위해 광고에 지출한 비용은 4억 달러.

최악의 불황을 겪으면서도 전년(3억 2,000만 달러)보다 25% 늘렸다. 실제로 마케팅에 투여된 총 금액은 20억 달러. 연구개발비와 맞먹는 규모다.

"시장과 제품에 대한 자신감이 생겨 대규모 투자를 할 수 있게 됐다"고 김병국 글로벌마케팅 담당 부사장은 밝혔다.

## 사회공헌도 경영활동 ― 일류 이미지 심기

브랜드 마케팅과 맥을 같이하는 게 이미지 관리 전략이다.

삼성은 "강하면서도 사회적 책임을 소홀히 하지 않은 기업"이란 이미지를 심기 위해 힘을 쏟고 있다. 수익 그 이상의 것을 추구하고 있다는 뜻이다.

삼성전자를 비롯한 삼성 계열사들은 작년 한 해 동안 공익사업 기부협찬 등에 1,108억 원을 썼다. 사회공헌 활동은 돈을 대는 것으로 끝나는 게 아니다. 임직원들의 참여율도 높다.

2001년 삼성 임직원의 자원봉사 참여율은 59.7%.

계열사 사장들도 양로원이나 고아원을 찾아 봉사활동을 하는 게 주요 경영활동의 하나가 됐다. 삼성전자는 봉사활동을 지원하기 위해 자원봉사 휴가제도를 도입하고 있다.

삼성이 사회공헌 활동을 활성화한 것은 지난 1989년 이건희 회장이 102억 원의 사재를 출연해 삼성복지재단을 만들면서부터. 보육사업부터 시작해 의료재단을 설립하고 장애인 공장(무궁화전자)도 세웠다.

지난 1994년에는 사회봉사단(3119 구조대)을 결성했으며 2001년부터는 경로당 환경개선 사업도 벌이고 있다.

사업의 특성에 맞는 프로그램을 운영한다는 차원에서는 시각장애인을 위한 무료 컴퓨터 교육장을 운영하고 있다.

삼성이 14년째 이런 활동을 펼치고 있는 것은 이건희 회장의 철

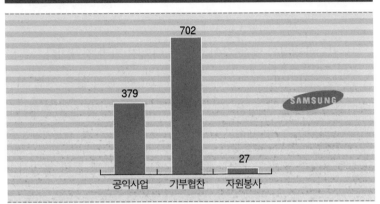

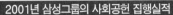

**2001년 삼성그룹의 사회공헌 집행실적** (단위 : 억원)

| 공익사업 | 기부협찬 | 자원봉사 |
|---|---|---|
| 379 | 702 | 27 |

학이 반영된 것이다.

이 회장은 측근들에게 "나의 바람은 삼성이 일류 기업이 되어 일류 국가와 풍요한 가정을 만드는 데 보탬이 되는 것", "사회 공헌을 하지 않는 기업은 망한다"는 등의 말을 하곤 한다.

사회봉사를 생존전략 개념에서 생각하고 경영활동의 일부로 인식해야 한다는 점을 강조한 것이다.

삼성사회봉사단 사무국장을 맡고 있는 박영세 상무(삼성생명)는 "다양한 사회공헌 활동은 기업의 가치를 높일 뿐 아니라 참여자의 도덕심을 향상시키는 무형의 효과도 있다"고 말했다. 임직원의 도덕심이 향상되면 기업도 그만큼 깨끗한 경영을 할 수 있다는 것이다.

이 같은 활동은 해외에서도 이뤄진다.

삼성전자 라틴아메리카 지점은 매년 12월 멕시코 파나마시티 시골학교를 방문해 어린이들을 위한 성탄 파티를 마련해주고 있다.

인도법인은 지난 1999년 인도 빈민층을 위해 베누시시력센터와 공동으로 안과 무료진료 활동을 펼쳤다.

이 같은 점을 반영, 지난 1999년 2월엔 〈타임〉지가 "나눔의 사회 (Giving some of it back)"라는 특집기사로 삼성의 사례를 다루기도 했다.

삼성은 매년 몇조 원의 순익을 내는 기업에 거는 사회의 요구와 기대를 의식해 자원배분에도 많은 신경을 쓰고 있다는 얘기다.

# R&D와 디자인

## 미래를 위한 R&D

2001년 12월 경기도 수원의 삼성전자 단지에 들어선 지상 25층, 지하 4층의 정보통신연구센터.

연면적 4만 평 규모의 이 건물은 무선 랜을 포함, 기가급 광통신 네트워크 시스템과 랜폰(LAN Phone) 및 VOD 시스템, 웹 CCTV 등 최첨단 시설이 설치돼 있다.

외관은 자외선 차단유리로 이뤄졌다. 외부인은 물론 연구원이라도 지정된 곳 이외를 출입하면 자동으로 보안 시스템에 체크된다. 이 곳에 입주해 있는 R&D 인력만 4,200명. 외환위기의 충격이 채 가시기 전인 지난 1999년 착공된 이 건물은 공사비만 3,000억 원이 투입됐다.

천경준 부사장은 "통신연구소는 반도체를 포함한 부품, 멀티미디어, 통신기술의 시너지 효과를 극대화할 수 있도록 설계됐다. 분당, 기흥, 수원, 서울에 흩어져 있는 각 연구인력을 묶어놓은 것이다"라고 밝히고 있다.

시스템 LSI(비메모리 반도체) 연구를 위한 SOC(System on Chip) 연구소도 이 건물 안에 있다.

바로 앞에 디지털 미디어연구소가 있고 종합기술원과 반도체연구소도 차로 15분 이내 거리에 있다.


### 지식재산권을 기업 최고의 자산으로

2001년 삼성전자가 미국 특허상표청(USPTO)에 등록한 특허건수는 1,450개. IBM, NEC, 캐논, 마이크론테크놀로지에 이어 5위다.

1999년 이후 3년 연속 특허등록이 많은 10대 기업에 랭크됐다. 10위권 내에 속했던 도시바, 루슨트테크놀로지, 모토로라 등은 20위권으로 밀려났다.

꿈의 통신으로 불리는 IMT-2000과 관련, 삼성전자는 동기식·비동기식 분야에서 각각 세계 4위권의 기술수준을 확보하고 있다. 40여 건의 관련기술이 표준기술로 채택됐다.

삼성전자는 지식재산권을 최고의 기업자산으로 간주하고 오랜 기간 지속적으로 R&D 분야에 투자하고 있다. 전체 R&D 인력은 1만 7,000명으로 전체 임직원 4만 8,000명의 30%가 넘는다. 이 중

| 2001년 미국특허권 획득 상위업체 | | | |
|:---:|:---:|:---:|:---:|
| 순위 | 업체명 | 국적 | 특허획득건수 |
| 1 | IBM | 미국 | 3,411 |
| 2 | NEC | 일본 | 1,953 |
| 3 | 캐논 | 일본 | 1,877 |
| 4 | 마이크론테크놀로지 | 미국 | 1,643 |
| 5 | 삼성전자 | 한국 | 1,450 |
| 6 | 마쓰시타전기산업 | 일본 | 1,440 |
| 7 | 소니 | 일본 | 1,363 |
| 8 | 히타치 | 일본 | 1,271 |
| 9 | 미쓰비시 | 일본 | 1,184 |
| 10 | 후지쓰 | 일본 | 1,166 |

자료 : 미국 특허상품청(USPTO)

박사급만 1,500명이다.

미국과 일본, 영국, 인도, 러시아 등 여덟 곳에 해외 R&D 센터를 두고 700명의 개발인력을 운영하고 있다.

정보통신 부문의 경우 전체 임직원 9,500명 중 절반 가까운 4,500명이 R&D 인력이다. 엔지니어가 곧 생산자인 셈이다.

D램에 이은 차세대 캐시카우로 부상하는 시스템 LSI 부문은 삼성이 미래를 걸고 투자하는 분야다. 이 사업부문은 2000년 매출 2조 원에, 8,000억 원의 이익을 올렸다.

무선기기용 모뎀과 디지털 TV, 셋톱박스용 칩 등의 개발을 위해 통신연구소와 디지털 미디어연구소에 100명이 넘는 핵심연구인력을 지원하면서 R&D 센터 역할을 하는 SOC연구소도 시스템 LSI에 속해 있다.

현재 1,700명 수준인 연구인력을 조만간 3,000명까지 늘릴 계획이다.

임형규 사장은 "특허 순위, 세계 표준화 기술 등에서 세계 톱 5 진입이 가시화될 수 있는 상황에 진입했다"고 말했다.

### R&D, 미래를 위한 씨앗

삼성전자는 매년 전체 매출의 7% 이상을 R&D 분야에 투자하고 있다. 올해는 8%로 늘려잡았다. 금액으로는 1999년 1조 6,000억 원, 2000년 2조 190억 원, 2001년 2조 4,182억 원으로 매년 20% 이상 증가하고 있다.

D램 사업은 지난 1983년 64KD램을 개발했을 당시 선진기업과의 기술 격차가 4.5년이었다. 1985년 256KD램에서 이를 3년으로 줄였다. 1994년 16메가D램을 개발하면서 격차를 제로로 만들었다. 10년 동안 천문학적인 액수의 기술개발과 시설투자비를 쏟아부은 결과였다.

2001년 영업이익 1조 3,741억 원을 달성, 회사 전체 영업이익의 59%를 차지한 정보통신 부문의 경영성과도 무수한 실패와 시행착오의 산물이었다.

1988년 휴대전화 개발을 시작했지만 애니콜이 탄생한 것은 1994년이었다. 당시 모델명은 SCH-770. 일곱 번째 만에 제대로 된 제품이 나왔다는 의미다.

휴대전화 사업부의 엔지니어들 중에는 15년차 이상 고참이 많은 것도 10년 후를 내다보는 삼성의 R&D 문화를 반영하고 있다. 매달 한 번 열리는 전사 최고기술경영자(CTO) 회의에서 논의되는 내용은 3~4년 후, 멀게는 10년 이후 사업화될 기술이다.

### 디자인, 삼성 정체성(identity)의 실현

삼성전자의 플립업 휴대전화(모델명 SCH – 3500)은 단일 모델로는 세계에서 가장 많은 600만 대의 판매기록을 세웠다. 2001년 미국 CDMA 시장 점유율 28%를 차지했다. 대당 150~180달러로 노키아, 모토로라의 동종기종(100~120달러)보다 비싼데도 불구, 이처럼 히트를 친 비결은 삼성의 디자인 뱅크(bank)제 덕분이었다.

디자인경영센터의 307명 디자이너들은 연간 700개의 제품 모델을 개발, 3차원 캐드(CAD) 시스템을 통해 샘플을 만들어놓는다.

수만 가지의 제품 디자인을 미리 설계하고 이를 조합할 수 있도록 데이터베이스화한 것이다.

삼성전자의 디자인 능력은 미국산업디자이너협회(IDEA)로부터 최근 5년 간 16개 제품이 우수디자인상을 수상, 미국 애플사와 공동으로 기업부문 세계 1위에 오를 정도로 인정받고 있다.

디자인 경영센터의 가장 큰 역할은 모든 제품에서 삼성만의 정체성을 확립하는 것. 이를 위해 신제품 기획단계에서부터 디자이너가 참여해 마케팅, R&D 담당자와 맞먹는 영향력을 행사한다.

종합기술원에서 열리는 미래전략 기술회의에도 관련 디자이너가 반드시 참석한다.

이는 "디자인과 같은 창의력이 기업의 소중한 자산이자 21세기 기업경영의 최후 승부처가 될 것"이라고 밝힌 이건희 회장의 지침이기도 하다.

디자인경영센터는 설문조사와 1대 1 인터뷰 등을 통해 삼성의 이미지와 가장 부합되는 색깔에서부터 탤런트, 심지어 TV 프로그램까지 샅샅이 조사한 뒤 브랜드 컨셉을 잡는다.

정국현 디자인 전략팀장(상무)은 "삼성 로고가 붙어 있지 않더라도 소비자들이 삼성제품임을 알 수 있도록 만든다는 게 기본 목표"라고 말했다.

디자인경영센터는 신제품 기획을 위해 세계 각 지역별로 집중 공략할 소비층을 선정, 라이프 스타일을 연구한다.

단순한 설문조사가 아니라 1주일 간을 이들과 동고동락하면서 아이디어를 짜낸다.

이러한 과정을 거쳐 탄생한 컨셉 제품 중 지금까지 모두 178개가 특허로 등록돼 있다. 3년 후, 5년 후, 10년 후 등 시장 출시 시점은 물론 제품과 모델명, 소비자가 수용할 수 있는 가격대까지 책정해 놓는다.


## 세계 일류화 전략 — '와우 프로젝트' 결실

'월드 베스트에서 M30, 와우(WOW) 프로젝트까지.'

삼성전자 노트북 센스Q는 시장에 출시되기 전까지 모두 아홉 번의 리콜을 당했다. 리콜을 명령한 사람은 다름 아닌 디지털 미디어 총괄대표인 진대제 사장이다.

두께는 소니의 노트북 바이오(VAIO)보다 얇은 2cm 미만으로 할 것. 무게도 3kg을 넘기지 말 것. 진 사장이 제일 쓰기 편한 제품이라고 요구한 가이드 라인이었다.

개발팀은 진 사장이 요구한 '스펙(spec, 제품사양)'에는 맞췄지만 마지막 관문인 '블라인드(blind) 테스트'에서 번번이 퇴짜를 맞았다. 두께를 줄이는 데는 성공했지만 자판을 너무 얇게 한 것이 문제였다.

1mm를 줄이기 위해 디자인과 R&D 파트는 매번 격론을 벌였다.

결국 아홉 번의 리콜 끝에 만족한 진 사장은 2001년 센스Q 한 대를 세계 최대 PC 메이커인 미국 델사의 CEO인 마이클 델에게 보냈다. 센스Q의 품질에 만족한 마이클 델은 삼성전자와 10억 달러에 달하는 센스Q 공급계약을 체결했다.

프로젝트명 '메버릭'으로 시작한 '와우 프로젝트'가 결실을 본 순간이었다. 와우 프로젝트는 말 그대로 세상이 깜짝 놀랄 만한 제품을 만들어보자는 취지로 2000년 진 사장이 이름 붙인 R&D 계획이었다.

프로젝트명 '제비(swallow)'로 명명된 흑백 레이저 프린터 '모노(Mono)' 개발 계획 역시 와우 프로젝트 중 하나였다.

모노는 3억 달러 이상의 매출을 기록하면서 제비가 물어다 준 씨앗 하나가 대박을 가져다 준다는 프로젝트의 이름값을 톡톡히 실현했다.

DVD 플레이어와 VCR 기능을 갖춘 DVD콤보도 마찬가지.

이 제품은 미국 시장에서 299달러의 고가로 판매됐지만 2001년 미국에서만 60만 대, 세계적으로 130만 대가 판매됐다.

삼성전자의 이 같은 일류화 프로젝트의 기원은 1996년 월드 베스트 전략으로 거슬러올라간다. 당시 코드분할 다중접속(CDMA) 방식의 디지털 셀룰러 시스템과 디지털 비디오 디스크 등 그룹 차원에서 45개 제품이 월드 베스트 제품으로 선정됐다.

이는 이건희 회장의 '질(質)' 경영 추진 지시에 따른 것이었다.

'명품 플러스 원'의 탄생도 엔지니어적 면모를 갖춘 이 회장의 발상이 계기가 된 것은 익히 알려진 사실이다.

1999년 회사 창립 30주년을 맞이해 윤종용 부회장이 추진한 'M30' 프로젝트는 기존 단품의 창조성을 디지털 컨버전스의 창조성으로 연결시키기 위해 입안됐다.

이를 통해 디지털 카메라와 MP3 플레이어 기능을 갖춘 포토 엡 MP3 플레이어를 비롯해 TV폰, 인터넷 냉장고, fLCD(강유전성 액정표시장치) TV 등 멀티미디어 분야에서 30개 신제품이 탄생했다.

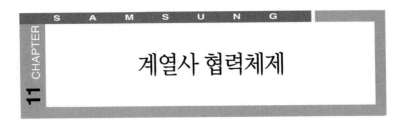

# 계열사 협력체제

## 동반과 협조의 경영학

명품 플러스 원 TV(1995년), 34인치 완전평면 TV(2000년), 세계 최대 63인치 PDP TV(2001년)···. 삼성전자의 히트작들이다.

TV 화면의 가로·세로 비율은 으레 4 대 3으로 여겨지던 1995년, 삼성은 12.8 대 9 비율의 와이드 TV '명품 플러스 원'을 개발했다. "숨겨진 1인치를 찾았다"는 광고 카피로 유명한 이 제품은 그해 국내 시장에서 29인치 제품군 중 45%를 점유하는 성공작으로 기록됐다.

이 제품은 삼성전자, 삼성SDI, 삼성전기, 삼성코닝 등 전자계열사들의 공조체제를 배경으로 탄생했다. 좌우 화면을 8mm씩 더 보여주기 위해 브라운관(삼성SDI), 유리 벌브(삼성코닝), 핵심부품(삼성전기)을 모두 새로 만들어냈다.

## 신제품 공동 개발

'명품 플러스원' 프로젝트는 유난히 다큐멘터리 시청을 좋아하는 이건희 삼성그룹 회장이, TV는 방송국이 송출한 화면의 80%만을 보여준다는 말을 듣고 1995년 내린 지시에 따라 시작됐다.

전자계열 4사는 55명의 연구원과 227억 원의 연구비를 투입했다. 연구원은 전자, SDI, 전기, 코닝 등 4개사 모두에서 차출됐다. 실무 엔지니어들은 각사 연구실에서 따로 제품개발을 추진하면서 한 달에 두세 번씩 만나 진척상황을 체크했다.

삼성전기가 만든 편향 코일(DY : 영상신호를 화면으로 펼치는 부품)과 고압변성기(FBT)를 삼성SDI의 브라운관에 조립해보고 삼성전자가 만든 세트에 다시 끼워보는 작업이 7개월 간 반복됐다. 영상사업 담당 연구실장들은 한 달에 한 번씩 정기적으로 회의를 열고 상품 출시 시기를 조율했다.

4사의 공조체제는 2000년의 34인치 평면 TV 개발에서도 빛을 발했다. 평면 TV는 이전부터 있었지만 34인치 대형 제품의 탄생은 SDI와 삼성전기가 브라운관 '아이트론'를 개발했기 때문에 가능했다.

아이트론은 34인치 대형화면을 평면으로 만들었다는 것과 먼저 개발된 소니 제품보다 화면부터 뒤통수까지의 길이인 뎁스(depth)를 10cm 줄여 TV의 공간 효율을 높였다는 게 특징이다.

'오메가 프로젝트'라는 이름으로 추진된 아이트론의 개발에서 삼성SDI와 삼성코닝은 1,000℃ 이상의 고온으로 대형 유리표면을 눌러 펴는 공정 기술을 사용해 34인치 브라운관 화면을 평면으로 만드는 데 성공했다. 삼성전기는 DY 길이를 획기적으로 줄였다.

김재조 삼성전기 상무는 "세트와 부품의 최고 기술진들이 유기적으로 협력하기 때문에 신제품 개발을 단기간에 끝낼 수 있다. 또 삼성전자 마케팅 인력이 기술개발 단계에서부터 참여해 상품화에서도 경쟁사보다 앞서갈 수 있다"고 설명했다.

특히 유행이 쉽게 바뀌는 휴대전화는 신제품 출시 간격을 얼마나 좁히느냐가 경쟁력을 좌우한다. 전자회로기판(MLB)을 개발할 때 삼성전기는 삼성전자 무선사업부에 기술자를 파견해 열흘 간 상주시킨다. MLB는 회로를 세트와 맞춤설계해야 하기 때문에 유기적인 협력이 무엇보다 중요하다.

김 상무는 "MLB 회로설계가 끝나자마자 바로 세트 안에 장착해 상품화할 수 있어 제품개발 시기를 단축시킬 수 있다"고 설명했다. 과제 개발—투자 집행—상품이라는 과정이 유연하게 추진되기 때문에 '경쟁사보다 6개월 빠르게'라는 삼성전자의 속전속결 마케팅 원칙이 유지될 수 있는 것이다.

### 공조의 축 사장단 회의

실무진의 협력을 뒷받침하는 것은 전자계열사 사장단 회의다. 이 회의는 이건희 회장 주도로 매년 두 번씩 열리고 있다. 모임의 장소는 주로 승지원이지만, 그때 그때의 형편이나 전략적 목적에 따라 다른 곳을 택하기도 한다. 중국 상하이(2001년 11월)와 미국 오스틴(2000년 2월) 회의는 그 해 역량을 집중할 해외시장이 어디인가를 보여줬다.

전자, SDI, 전기, 코닝, 테크윈, 모직, SDS 등 삼성 전자계열 사장단은 4월 19일에도 용인 창조관에서 회동해 10년 후 무엇으로 먹고살 것인지를 주제로 디지털 제품 융합을 극대화하기 위한 사업영역 조정문제를 논의했다. 사장단회의에서 큰 그림이 그려지면 사업부장급 임원들은 새로운 전략에 따라 한 달에 한 번씩 만나 구체적인 제품개발 계획을 수립한다.

그 밖에도 제품군에 따른 소모임들이 많다. 이형도 부회장이 2002년 봄 중국 본사로 떠나기 전까지 의장이 돼 지휘했던 '관계사 협력회의'는 무선통신 기술개발을 위해 황창규 삼성전자 메모리사업부 사장, 이기태 삼성전자 텔레콤네트워크 총괄사장, 배철한 삼성SDI 종합연구소 부사장, 김재조 삼성전기 종합연구소 상무를 멤버로 분기에 한 번씩 열렸다.

### 안정적 부품 공급원

삼성SDI, 삼성전기, 삼성코닝은 안정적인 부품 공급원이다. 후발 가전회사였던 삼성전자가 1970~80년대 TV 사업을 캐시카우로 성장시키는 데 든든한 원군이 됐다. 삼성전자는 일본 업체에 휘둘리지 않고 TV 부품을 안정적으로 공급받고자 해외 업체와 5 대 5 합작으로 1970년 삼성NEC, 1973년엔 삼성산요전기와 삼성코닝을 각각 설립했다.

초기엔 완벽한 수직계열화였다. 부품 회사들은 매출의 100%를 삼성전자에 의존했다. 삼성코닝이 유리 벌브를, 삼성산요전기가 DY를 만들면 삼성NEC가 가져가서 브라운관으로 조립해 삼성전자에 넘기는 식이었다.

그 후 관계사 매출 비중은 점차 줄어들고 있지만 삼성전자 입장에서 부품 계열사는 여전히 안정적인 부품 공급원이다. 삼성전자는 직접 생산하는 TFT-LCD를 제외한 디스플레이류 전량을 삼성SDI에서 사온다. 13가지 휴대전화 주요 부품은 삼성전기에서 받는다. 애니콜에 들어가는 진동 모터는 100%, MLB는 80%가 삼성전기 제품이다.

진대제 삼성전자 디지털 미디어 네트워크 총괄사장은 "삼성 PDP TV가 후지쓰나 샤프 같은 일본 선발주자보다 경쟁력이 있다고 확신하는 이유 중 하나는 세계적 디스플레이 업체인 삼성SDI를 안정적인 모듈 공급처로 확보하고 있다는 사실 때문"이라고 말했다.

진 사장은 "초박형 고급 디지털 TV인 3세대 TV 시장에서도 1위가 될 수 있다"고 자신한다. "세계 최고 수준의 HDTV 제조기술력을 보유하고 있는데다 PDP 및 LCD 관련부품 생산체제가 수직계열화돼 경쟁사들을 압도할 수 있기 때문"이란 게 그의 설명이다.

# 계열사도 세계적 기업

브라운관 · 휴대전화용 액정화면 세계시장 점유율 2위(삼성SDI), 편향 코일(DY) · 고압변성기(FBT) · 튜너 세계 1위(삼성전기).

삼성SDI와 삼성전기의 2002년 성적표다. 삼성SDI는 2001년에 4조 원, 삼성전기는 3조 원, 삼성코닝은 8,600억 원의 매출을 올렸다. 삼성SDI의 순익(5,500억 원)은 국내 상장사 중 14번째로 많았다.

삼성전자가 5년 사이 외형을 75% 불리는 동안 삼성SDI와 삼성전기도 각각 53%, 77%씩 몸집을 키웠다. PDP, 2차전지 등 사업 다각화를 시도하고 있는 삼성SDI는 2002년 봄 TFT-LCD 수준의 화질을 구현하면서 원가는 30% 이상 낮춘 컬러 휴대전화용 액정화면 UFB-LCD를 개발해 업계의 주목을 끌었다.

삼성전기는 2010년까지 세계 1위 부품 메이커가 된다는 목표를 공표하고 구조조정과 기술개발에 매달리고 있다.

이들에겐 세계적 모니터(세계시장 점유율 1위) 및 휴대전화(4위) 메이커인 삼성전자를 거래선으로 확보하고 있다는 게 든든한 뒷배경이 되고 있다.

삼성전자는 설립 초기엔 품질이 좀 떨어져도 계열사들이 만든 부품을 모두 사줬다. 덕분에 이들은 일찌감치 규모의 경제를 실현해 매출을 키우고 설비 확충과 R&D에 재투자하면서 고속 성장할 수 있었다.

인터브랜드가 64억 달러(세계 42위)로 평가한 삼성이라는 브랜드를 삼성전자와 공유하는 것도 큰 혜택이다. 김재조 삼성전기 상무는 "부품을 새로 개발했을 때 애니콜에 들어간다고 설명하면 해외 거래선에 접근하기가 쉽다"라고 말했다. 하지만 삼성SDI와 삼성전기의 매출액 중 60%는 삼성전자와 무관한 수출에서 나온다. 이들의 경쟁력이 단순히 삼성전자 후광 때문만은 아니라는 뜻이다.

삼성SDI는 세계 5대 PC 메이커를 모두 장기 거래선으로 확보하고 있다. 배철한 삼성SDI 부사장은 "삼성전자는 우산이 아니라 채찍 역할을 했다"고 말했다.

"우리 기술 수준으로 수율이 50%일 때 삼성전자는 95%에 맞춰 상품 기획안을 들이밀었다. 그런 일이 반복되는 동안 기술력이 경쟁사보다 앞서 있는 것을 발견하게 됐다"는 것이다.

실제 계열사들이 어느 정도 자리잡은 후 삼성전자가 요구하는 품

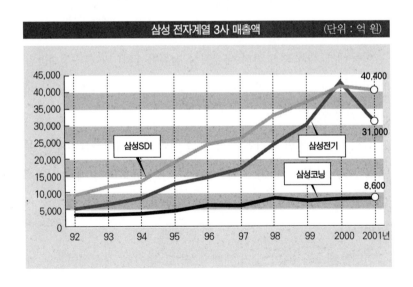

질과 가격 수준은 매우 엄격하다. 김재조 삼성전기 상무는 "삼성전자는 납품하기가 가장 어려운 거래처다. 설계부서에서는 세계 최고의 품질을 요구하고 구매부서에서는 세계 최저 가격에 달라고 한다. 설계를 어렵게 통과했더라도 구매에서는 가격이 높다며 처음부터 다시 입찰하자고 한다"고 말했다.

이 같은 요구의 배경에는 1등주의 철학이 깔려 있다. 특히 양에서 질 위주로 경영방침을 바꾸겠다는 1993년 이건희 회장의 프랑크푸르트 선언은, 삼성전자가 부품 계열사들을 인큐베이터에서 내보내고 경쟁 부품사와 똑같은 품질과 원가 기준을 요구하는 계기가 됐다.

이 회장은 그 해 프랑크푸르트 캠핀스키 호텔에서 계열사 임원 200여 명을 모아놓고 밤샘 마라톤 회의를 주최했다. 삼성전자에서 정보통신을 총괄하는 이기태 사장이 이 날 모토로라를 능가하는 세계 일류 휴대전화를 만들겠다고 눈물로 맹세했다는 일화는 그룹 내엔 잘 알려져 있는 사실이다.

## 12 CHAPTER

# 치밀한 정보관리

## 삼성전자 경쟁력의 보고

"이건희 회장이 일본에 가면 일본본사 사장과 임원들이 바짝 긴장한다. 이 회장은 외부인사와 만찬이 없는 날이면 밤 12시, 1시까지 회의를 한다. 일본 내 우리와 비슷한 업종이나 회사들 동향을 보고받는 것이다. 새로 나온 신상품의 팸플릿, 주요 기업들의 경영진 기자회견, 새로 도입한 제도, 경영 일반현황, 히트 상품 등을 보고받고 토론한다. 서울에서 불려가는 임원들도 지쳐서 돌아오곤 한다"라고 삼성 구조본 고위관계자는 말했다.

삼성은 어느 기업보다 정보가 빠르고 정확하다는 평을 듣는다.

실제 기업문화와 업무 프로세스의 중심에는 정보 마인드가 확고하게 자리잡고 있다.

인맥관리, 시스템 구축, IT 투자 등 하드웨어와 소프트웨어를 가리지 않고 정보수집에 필요한 노력을 아끼지 않는다.

삼성전자가 메모리 반도체에 이어 LCD, 휴대전화 등 대규모 이익을 내는 유망업종에 진출할 수 있었던 것도 이 같은 노력의 결과다.

미국의 IT 업체 애질런트테크놀로지의 네드 반홀트 회장은 삼성전자의 경쟁력 중 하나로 '절묘한 투자 타이밍'을 꼽았다.

시장과 경쟁업체를 둘러싼 수많은 정보를 분석하는 능력이 그만큼 뛰어나다는 뜻이다.

이순동 구조본 부사장은 "삼성전자를 포함한 삼성 계열사들은 지식과 정보를 다루는 문화부터가 여느 기업과 다르다. 직원들은 신입사원 시절부터 보고 들은 모든 정보를 정리하고 보고하는 일이 몸에 배어 있다. 자신과 직접 관련이 없는 다른 사업부문이나 계열사와 관련한 얘기를 듣는 경우에도 반드시 관련자에게 알려주는 게 불문율처럼 돼 있다"라고 말했다.

학습하는 문화도 자연스럽게 형성돼 있다.

삼성경제연구소는 해외 언론의 보도나 주요 보고서 등 경영자가 알아야 할 정보를 정리해 제공한다.

이 회장이 추천한 《벼랑 끝에 선 호랑이—장쩌민과 중국의 뉴 엘리트》 같은 필독서들도 요약해 배포한다.

전자에는 바이오테크연구회 등 자발적인 연구동호회가 110여 개나 구성돼 있다.

지식·정보 마인드는 이 회장을 비롯한 CEO에서부터 단단하게 구축돼 있다.

이 회장은 수십 페이지에 달하는 국내 신문 스크랩은 물론 주간지, 월간지, 해외 언론 스크랩을 꼼꼼하게 읽는다.

국내외 저명인사들을 만나는 것 외에도 일본 기업의 기술고문과 NHK 방송의 다큐멘터리 등을 통해 정보를 얻는다.

경영자들에게도 해외시장 동향을 파악하고 일류기업을 벤치마킹하는 데 더 많은 시간을 쓰도록 독려한다.

윤종용 부회장은 2001년 동안 105일을 해외출장으로 보냈다. 특

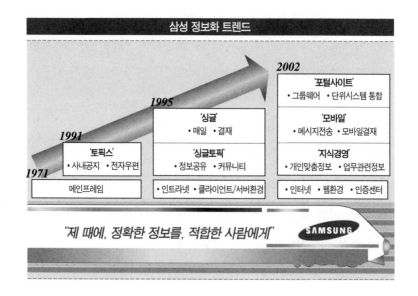

히 일본 업체 경영진과 교분이 돈독하다. 2002년 3월 말 일본출장 때는 2주일 동안 18개 기업의 대표들을 만났다.

똑같이 메사추세츠 주립대와 스탠퍼드를 거친 진대제 사장과 황창규 사장은 각각 HP, IBM, 인텔 등에 근무하면서 구축한 미국의 인맥 네트워크를 활용한다.

삼성전자에서 각종 경영정보와 지식을 체계적으로 정리분석하는 중추는 단위별로 구축된 경영기획팀이다. 본사의 경영기획팀은 윤 부회장의 경영판단을 지원하기 위해 정보를 수집하는 것이 주목적이다.

반도체·정보통신 등 4대 총괄과 총괄 산하의 사업부별로 각각 경영기획팀이 운영되며 이들은 종횡으로 정보를 교환한다.

본사 경영기획팀 내 기획조사 그룹이 관리하는 정보원은 전세계에 모두 600개. 각국의 신문을 비롯 전문잡지, 컨설팅 회사, 각국 정부, 개인적으로 구축한 인맥 네트워크가 포함된다.

세계 경기동향을 좌우하는 미국의 중앙은행인 FRB, 통신정책을 입안하는 미국의 연방통신위원회(FCC)와 일본의 우정성 등은 특히 주목의 대상이다.

삼성은 이들 정보원으로부터 수집된 정보를 거르고 분석한 뒤 매주 수요일 정보회의를 열어 최종보고서를 작성하고 이를 400명의 임원들에게 배포한다.

최근엔 미국에서 열린 방송기자재전시회(NAB)에 참가한 업체들의 동향이 주목거리였다. 갈수록 정보판단, 지식수련과 기획·전략

기능을 강조하는 추세여서 1년에 100명 정도를 독자적으로 개발한 5주짜리 집중교육 프로그램에 넣는다. 미래를 판단하고 읽는 능력을 키우는 게 목적으로 컨설턴트, 대학 교수 등으로부터 관점설정과 전략수립에 대한 집중교육을 받는다. 기술전공자에게는 경영지식을, 경영전공자에게는 기술지식을 습득시킨다. MBA 1년 과정과 맞먹을 정도로 강도가 높다고 경영기획팀 강영기 상무는 소개했다.

윤 부회장은 최근 임원회의에서 "지금은 전자산업의 가치관과 전략이 변화하는 패러다임 전환기다. 얼마나 빠른 정보와 지식을 습득하느냐가 관건이다. 현상의 본질을 꿰뚫어야 변화를 주도해나갈 수 있다"고 말했다.

현지법인 지점 사무소를 포함해 140개에 달하는 해외 네트워크도 중요한 정부망이다.

2001년 중국 CDMA 이동통신장비 입찰수주전에서 해외 네트워크가 진가를 발휘했다. 중국정부는 입찰개시 전부터 대부분의 물량을 모토로라, 루슨트 등 미국업체에 배분하겠다고 공공연히 흘리고 있었다.

하지만 1993년부터 중국에서 근무한 배승한 상무보 등이 중국 내 인맥과 중국사업의 경험을 통해 예상 구매가격 정보를 입수함으로써 전세를 역전시켰다.

황창규 메모리 사업부 사장은 "메모리 부문의 경우 통신·가전 등 다른 사업부의 해외 네트워크 정보가 메모리 수급과 시황을 예측하는 데 큰 도움을 준다"라고 밝혔다.

구조본의 정보팀과 기획팀, 계열사의 대외협력단으로 이어지는 정보 채널에서는 각종 정책 및 입법관련 정보를 수집한다.

정보관리는 IT 인프라의 뒷받침을 받고 있다.

삼성은 1991년 그룹 차원에서 사내공지 및 전자우편 시스템을 구축하는 등 국내업체에 비해 2~3년씩 앞서갔다.

1995년부터 현재처럼 메일 및 결재기능을 가진 '싱글'과 경영정보 등 각종 정보를 공유하고 커뮤니티 구성을 지원하는 '토픽'을 구축, 운영하고 있다.

싱글과 토픽은 각 계열사 직원들이 서로 정보를 주고받는 것은 물론, 업무를 처리하는 핵심적인 통로역할을 하고 있다. 싱글의 경우 가입자들을 9등급으로 분류, 각각 알맞은 뉴스와 게시판 등 맞춤정보를 제공한다.

해외출장을 가는 경우 싱글에 접속해 일정과 목적지만 입력하면 출장자의 직위에 맞게 호텔 및 항공편 예약, 비자 등을 일괄적으로 자동 처리해준다. 출장비는 현지 화폐로 바꿔 계좌로 자동 송금하는 기능도 있다.

삼성전자는 2001년에 전해외법인을 포함하는 ERP 시스템 구축을 완료, 내부 경영정보를 한눈에 알아볼 수 있는 체제를 갖췄다.

사각지대의 경영정보가 투명하게 드러나면서 문제를 즉각 처리하고 업무 프로세스도 대폭 단축할 수 있게 됐다고 이광성 상무(CIO, 최고정보책임자)는 말했다.

공급망관리 시스템(SCM), 고객관계관리 시스템(CRM), 제품개발관리 시스템(PDM) 등도 마무리 단계다.

# MBA 출신 외국인 브레인 ― 미래전략 그룹

세계 유수대학 MBA 출신 외국인들로 구성된 미래전략 그룹은 삼성의 독특한 '싱크 탱크' 다.

미래전략 그룹은 해외 우수인력을 영입해 그룹 내 국제화 마인드를 확산하고 새로운 시각을 얻기 위한 목적으로 지난 1997년 구성됐다.

해외경영자를 양성한다는 목표도 있었지만 현재는 각 계열사에 대한 내부 컨설팅 집단으로 성가를 높이고 있다.

25명으로 구성된 이들은 전자 · 생명 · 증권 등 각 계열사로부터 외부에 맡기기 부적합하거나 해외 기업지식이 필요한 프로젝트를 맡아 수행하고 있다.

그 동안 전자 계열사에서 의뢰받은 35건 등 모두 83건의 프로젝트를 컨설팅했다. '반도체시장 전망 및 미래사업 모델 수립'과 같은 전략기획 프로젝트가 제일 많다.

신규사업 개발이나 중국, 베트남 등 신규시장 개척, 고객관계관리(CRM)를 비롯한 시스템 구축 등에 대한 해법도 제시해준다. 이들은 특히 해외기업 사례에 대한 구체적인 분석을 토대로 상당히 실무적인 대안을 내놓아 호평받고 있다.

삼성은 하버드 대학과 와튼스쿨 등 미국 내 8개 대학과 영국의 런던비즈니스 스쿨, 프랑스의 인시아드 등 세계 10대 일류 MBA 과정 출신들로 미래전략 그룹 인력 선발대상을 엄격하게 제한하고 있다.

매년 이들 대학 졸업자 수천 명의 이력서를 검토한 뒤 200명에게 설명회 안내장을 보낸다.

1차 면접을 통해 이들 가운데 50명 정도를 골라내고 그 중 20명에게 입사를 제안한다.

이들 중 10명가량이 최종적으로 입사한다. 전자나 금융분야 경력을 중시하고 출신지역도 감안한다. 고르고 골라서 뽑은 우수인재들이다.

삼성전자의 위상이 높아지면서 이에 대한 해외 우수인력들의 관심도 높아지고 있다.

2000년에는 와튼스쿨 출신 100명에게 설명회 초청장을 보내 이들 중 15명이 참석했다. 하지만 2001년에는 29명에게만 초청장을 보냈는데 65명이 몰려들었다. 전체 참석자 수도 2000년 89명에서 303명으로 늘어났다. 인력의 질이 높아지는 것은 당연하다.

이 곳을 거친 인력들은 2년 또는 4년 간 근무한 뒤 계열사에 입도선매된다. 한 번 컨설팅을 받은 회사에서는 그 컨설턴트에게 추가 프로젝트를 맡기는 경우가 많아 인연이 깊어진다. 그러다 보면 해당 회사의 입사 요청을 뿌리치지 못하게 된다.

삼성은 이들이 궁극적으로는 그 기업의 글로벌 경영자로 자리를 찾을 것으로 기대하고 있다.

삼성전자는 2002년 임원 인사에서 미래전략 그룹 출신인 데이비드 스틸을 본사의 첫 임원으로 선임해 화제를 뿌렸다.

배병률 상무는 일류 MBA 출신끼리 모아놓은 점을 미래전략 그룹의 성공요인으로 꼽았다.

# 철저한 재고관리

## 생산~판매 시차 최소화

윤종용 삼성전자 부회장은 최근 "경기가 어려울 때도 삼성전자가 양호한 실적을 내는 것은 재고와 부실채권을 적게 유지하는 덕이 크다"고 말했다.

그는 "최근 반도체나 통신업체들이 어려움을 겪은 것은 재고를 많이 갖고 있다가 가격변동에 제대로 대응하지 못했기 때문"이라며, "발주에서 구매·생산·물류에 걸리는 시간을 최소화하면 상상 이상으로 비용을 줄일 수 있다"고 설명했다.

윤 부회장의 경영철학 중 하나가 '재고는 백해무익'이라는 것이다. 그는 임원회의를 비롯한 각종 공식 석상에서 '재고는 악'이라고 여러 차례 강조하기도 했다.

## 재고는 백해무익

1998년의 일화. 윤 부회장은 수원 컬러 TV 공장을 둘러보다 창고에 물품이 빽빽이 쌓여 있는 것을 목격했다. 물건이 달려 못 팔고 있다는 판매담당자의 말과는 앞뒤가 맞지 않는 장면이었다. 그는 즉시 공장을 세우라고 지시했다. 판매와 생산부문 간에 정보흐름이 막혀 재고 파악이 실시간으로 되지 않는다고 판단한 때문이다. 기한은 재고가 모두 없어질 때까지. 컬러 TV 생산 라인은 한 달 가까이 가동이 중단됐다.

이상렬 경영지원 총괄상무(경영혁신팀)는 "임원들의 반발이 엄청났지만 윤 부회장의 의지가 워낙 확고했다"고 당시를 회상했다.

윤 부회장은 재고의 폐해를 이렇게 열거했다. 창고관리비 등 비용 부담이 가중되고, 신제품 출시 시기가 늦어져 판매기회 손실이 일어나고, 수익성을 악화시키는 밀어내기 판매를 초래하며 시장의 반응을 실시간에 확인할 수 없어 위기감을 느끼지 못하게 된다는 것이다.

그가 내린 결론은 하나. 재고를 줄이기 위해서는 시스템을 뜯어고치는 수밖에 없다는 것이었다.

삼성전자는 재고관리를 잘 하는 회사를 벤치마킹하기 위해 미국 PC 메이커 델에 조사단을 파견했다. 델은 전화 주문상담을 할 때 각 품목의 재고량을 체크하면서 상품을 추천할 정도로 재고관리 문화가 전임직원의 몸에 배어 있기 때문이었다. 하지만 반도체 TFT-LCD, 휴대전화, PC, 가전제품에 걸쳐 각기 유통 채널이 다른 다양한 종류의 상품을 취급하는 삼성전자로서는 딱맞는 재고관리 프로그램을 외부에서 찾아오기가 쉽지 않았다. 델은 PC 전문 메이커여서 유통 채널이 단순하기 때문에 시스템을 벤치마킹하기 어려웠던 것이다.

### SCM 구축

삼성전자는 1999년 PWC를 비롯한 해외 컨설팅사와 삼성SDS 엔지니어들을 불러들였다. 떨어진 임무는 '재고를 없애라'는 것. 이들은 현재 어떤 상품이 얼마나 팔리고 있고 앞으로 얼마나 더 팔릴지를 예측해 최대한 빨리 생산 라인에 통보하는 시스템을 만들어야 했다. 회사 전체를 망라하는 것은 물론 어떤 상품도 관리 대상에서 빠뜨려서는 안 됐다.

판매와 제조의 동기화를 실현하는 삼성전자의 방대한 공급망관리(SCM) 시스템은 이렇게 시작됐다. 판매부문에서 현재 어떤 물건이 얼마나 팔리는지, 앞으로 얼마나 더 팔릴지를 실시간으로 파악해 공장에 통보하면 제조부문은 이를 토대로 생산계획을 새로 짜는 게 SCM의 골자다. 수요 예측은 최대 16주까지다.

이상렬 상무는 "SCM을 구축하고 난 후 한 달마다 새로 짜던 생산량 재조정 작업이 1주일 단위로 호흡이 빨라졌다"며, "그만큼 시장 반응에 빨리 대응할 수 있다"고 말했다.

특히 삼성전자 SCM은 전세계 생산과 판매법인을 대상으로 개발에서부터 애프터서비스(AS)까지 전영역에 걸쳐 있다. 반도체부터 휴대전화까지 모든 품목을 커버한다는 점에서 해외에서도 유례가 없는 규모다.

삼성전자의 2002년 목표는 SCM을 전세계 판매법인 54개 중 주요 지역 49개와 전세계 생산법인에 정착시키는 것이다.

## SCM의 성과

SCM은 서서히 효과를 발휘하기 시작했다. 1997년 8주였던 평균 재고 일수가 2001년엔 3주로 줄어들었다. 이상렬 상무는 "3주는 한국에서 만든 제품을 미국 LA까지 배로 실어 날라 유통시장에 풀어놓는 데 걸리는 시간"이라며, "제조와 판매 간의 시차를 실질적으로 제로로 만들었다고 봐도 좋다"고 말했다.

실제로 항공기로 운송하는 D램과 휴대전화의 경우 평균 재고 일수는 길어야 이틀이다. 재고가 없으니 경쟁사보다 빨리 신제품을 내보낼 수 있게 됐다.

이광성 경영기획팀 상무(정보전략그룹장)는 "휴대전화가 2001년에 큰 수익을 낸 비결은 재고관리"라고 말했다. "전세계에 1억 대 이상의 휴대전화 재고가 쌓여 다른 선발업체들이 신제품 출시를 못하는 상황이었지만 재고가 없었던 삼성전자는 재빨리 신제품을 출시해 시장을 차지할 수 있었다"는 설명이다.

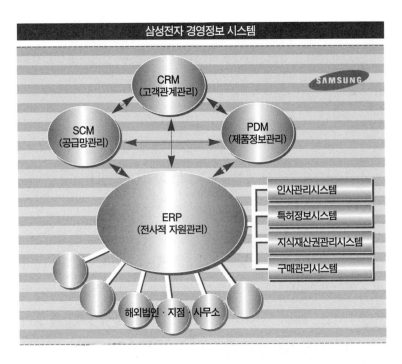

삼성전자 경영정보 시스템

CRM
(고객관계관리)

SCM
(공급망관리)

PDM
(제품정보관리)

ERP
(전사적 자원관리)

인사관리시스템

특허정보시스템

지식재산권관리시스템

구매관리시스템

해외법인 · 지점  사무소

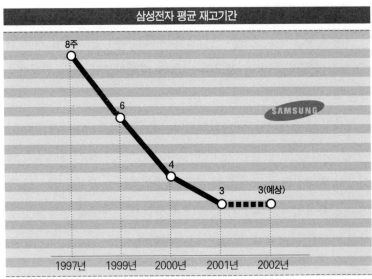

삼성전자 평균 재고기간

8주

6

4

3

3(예상)

1997년    1999년    2000년    2001년    2002년

## SCM과 ERP의 시너지 효과

SCM이 성공적으로 도입된 데는 이에 앞서 구축한 ERP 시스템의 뒷받침이 있었다. ERP는 인력 · 생산재 · 물류 · 회계 등 회사의 모든 경영정보를 컴퓨터 시스템으로 통합관리하는 프로그램. 1993년부터 2001년까지 만 7년 간 총 7,000억 원이 들어갔다. 해외법인 간 네트워크 구축에만 1,000억 원이 투입됐다. ERP를 사용하고 있던 덕에 전세계 생산과 판매법인은 실시간으로 주요 정보를 주고받고 이를 활용하는 문화에 익숙해졌다.

ERP 구축은 현금흐름 개선과 해외법인 부실방지라는 효과도 가져왔다. 현금흐름이 좋아진 이유는 물건을 판 후 다음달 20일에 모아서 결제하던 대리점들이 ERP가 구축된 뒤에는 판매 후 3일 안에 바로바로 이를 결제하게 됐기 때문이다.

또 이전엔 해외법인에서 부실을 숨기거나 늦게 보고하는 경우가 있었지만 본사가 해외법인의 경영상태를 실시간 파악하게 됨으로써 해외법인이 적자에서 탈피하는 데도 기여했다.

## 뼈대는 외국 소프트웨어, 살은 삼성의 노하우

SCM과 ERP는 해외에서 개발된 소프트웨어를 기반으로 한 시스템이다. 하지만 삼성전자는 개념을 확장시키고 삼성 문화에 맞게 재가공했다.

이상렬 상무는 "삼성전자의 SCM은 개발 · 제조 · 품질 · 물류 · 마케팅 판매 · 서비스 등 7가지 영역 모두를 대상으로 한다. 반도체, PC, 휴대전화, 가전제품을 한꺼번에 커버하는 것은 세계적으로 유례가 없는 일"이라고 설명했다.

ERP도 마찬가지. 삼성전자는 ERP 소프트웨어 패키지를 미국 SAP에서 수입해왔지만 삼성SDS 인원 100여 명을 투입, 삼성만의 프로그램으로 탈바꿈시켰다. SDS는 이렇게 해서 개발한 한국식 ERP를 상품화해 국내 기업들에 판매하고 있다.

이광성 상무는 "HP나 IBM도 현재 디비전(사업부)별로 운영하고 있을 뿐 전체적인 ERP는 아직 구축단계"라고 강조했다.

## 물류 시스템은 철저한 아웃소싱

삼성전자의 물류 시스템은 국내와 해외부문 등 크게 두 가지 형태로 나뉜다. 국내는 물류전문회사에 일임하고 있고, 해외의 경우에는 다양한 파트너가 있다. 앞으로는 특히 해외부문의 물류효율을 증대시키는 데 힘을 기울일 계획이다.

국내 물류는 1998년 물류부문을 '토로스'라는 별도 법인으로 분사한 후 이 회사에 전담시키고 있다. 토로스의 업무는 창고 관리부터 수·배송 일체까지. 국내의 경우 비용을 따져 자사 트럭으로 직접 운송하기도 하고 외주를 주기도 한다. 수출과 관련해서는 선박또는 항공기 물색을 전담한다. 때문에 삼성전자에는 물류 운영을 전담하는 부서가 없고 소속 창고도 없다.

하지만 삼성전자의 SCM 그룹이 물류비용 관리에 간여한다. 토로스와 함께 한 달에 두 번씩 비용 청구 데이터를 분석해 비용 누수가 없었는지 철저히 조사하고 있다.

조성훈 삼성전자 SCM 그룹 과장은 "물류를 아웃소싱 형태로 바꾸면서 인력 운용부담이 크게 줄어들었다"고 밝혔다. 또 관련 비용을 외부에 지불하는 형태가 됐기 때문에 비용의 누수 여부를 철저히 모니터링할 수 있다고 설명했다.

해외의 경우 삼성전자는 2002년 말까지를 목표로 미주총괄, 유럽총괄, 중국총괄, 동남아총괄, 일본총괄 등 각 지역마다 100여 개가 넘는 물류 파트너를 지역당 최소 한 개로 통합하는 작업을 추진하고 있다.

실례로 동남아시아에서는 통관·차량섭외·배송 등을 152개 사업자에게 나눠서 맡겨왔지만 조만간 두 개 회사를 선정, 통합관리케 할 계획이다.

이른바 일괄 계약, 일괄 결제(one contract, one bill) 전략이다. 한 파트너에 모든 프로세스를 일임해 삼성전자는 계약서에 서명하고 비용처리만 하겠다는 게 골자다. 이 전략 역시 기본 틀은 재고관리에 민감한 윤종용 부회장 머리에서 나왔다.

윤 부회장은 평소에도 "삼성전자는 제조회사인 만큼 판매 제조 개발에만 신경을 집중해야 한다"고 말해왔다. 그러다 한 해외 출장을 계기로 해외 물류의 틀을 다시 짜기로 마음먹었다고 한다. 그는 평소 재고관리 벤치마킹 대상으로 관심 깊게 지켜봤던 미국 PC 메이커 델이 물류에서도 정체시간을 줄이고 있다는 얘기를 동석자로부터 들었다.

델은 물류를 미국 특송업체 UPS에 일임, 말레이시아에서 만든 PC를 비행기를 통해 그 날 저녁 필리핀 물류창고로 옮겼다가 일본행 밤 비행기를 바로 출발시켜 새벽 전에 도쿄에 도착시킨다는 것이었다.

하지만 이상렬 상무는 "다국적 특송업체에 삼성전자 물류를 전담시킬 계획은 없고 단지 비용·스피드·고객만족도를 모두 충족시키는 효율적인 파트너를 지역별로 한둘씩 선별한다는 방침"이라고 설명했다.

삼성전자의 2002년 목표는 전세계에서 물류비용을 10% 감축시키는 것. 삼성전자는 1/4분기 추이를 볼 때 이 목표는 충분히 달성 가능하다고 밝히고 있다.

# 14 CHAPTER

# 상생의 노사관계

## 1등 삼성의 무한 에너지원

'해당사항 없음.'

삼성전자가 매년 금융감독원에 제출하는 사업보고서 내용 중 노동조합에 관한 사항에 대한 짤막한 답변이다.

현대자동차가 '가입인원 3만 7,071명, 상근인원 90명, 소속연합단체 금속산업연맹(전국민주노동조합 총연맹)'으로 적시하고 있는 것과는 대조적이다.

삼성전자의 무노조 경영은 '관리의 삼성'이라는 이미지를 형성하는 핵심 축의 하나다.

삼성이 내·외부의 비판과 도전에도 불구하고 무노조 체제를 유지할 수 있는 원동력은 무엇인가.

구조본 고위 관계자는 "노조가 생겨나는 것은 회사에 잘못되고 있는 부분이 있기 때문이란 게 최고경영진의 생각"이라고 말했다.

그래서 삼성은 다양한 복지정책을 통해 노조의 기능을 대체하고 인적 자원의 중요성에 대해 명확하게 인식하도록 CEO에게 요구하고 있다는 것이다.

삼성전자에서는 현장 생산직 여사원에 대해 '여공'이라는 표현을 사용하면 당장 인사위원회에 회부된다. 반드시 현장 오퍼레이터 등 '중성(中性)'적 호칭을 사용해야 한다.

말 한 마디에 인간적 모멸감과 성차별을 느끼지 않도록 배려하는 것이다.

2001년 말 기준으로 삼성전자 전체 임직원 4만 6,000여 녕 중 여성인력은 절반 수준인 2만 1,000여 명. 이 중 생산직 여사원이 1만 4,000명으로 30%에 달한다.

반도체 수율은 이들 현장 여사원의 손끝에서 나온다.


### 세포조직 '분임조'

삼성전자 구미공장은 단일규모로 세계 최대인 한 해 3,600만 대의 휴대전화를 생산하는 곳이다. 이 사업장 전체 임직원 6,600명 중 3,000명이 여성이다.

평균 연령 21.5세, 평균 근속연수는 2.8년인 이들이 세계 최고의 품질을 가진 휴대전화를 완성한다.

완제품의 전원을 켜서 이상 여부를 직접 점검하는 데 걸리는 시간은 1초 미만. 고사리 같은 손을 놀려 순식간에 10여 개가 넘는 버튼을 누르며 작동시킨다.

순발력 있는 작업속도 못지않게 여사원들은 소속팀별로 조직된 분임조 활동을 통해 품질개선의 중요한 역할을 담당한다.

그 중 대표적인 사례가 명성(明星)분임조. 애니콜이란 이름을 전 세계에 별처럼 빛나게 하자는 의미를 담고 있다.

최고등급인 명성 슈퍼바이저(supervisor)는 가슴에 순금으로 된 배지를 달고 있다. 명성 슈퍼바이저가 되기 위해서는 2년 간 평균 고과 B 이상, 분임 및 제안활동 실적, 근속연수 등과 같은 계량적 평가 외에 동료들로부터 추천을 받아야 한다.

상사가 아닌 동료들이 가장 뛰어난 현장사원을 뽑는 것이다.

업무에 대한 자긍심을 심어줌으로써 생산활동에 대한 적극적인 자세를 유도하고 조직에 대한 자부심과 로열티를 불어넣어주고 있는 것이다.

현재 명성 슈퍼바이저의 숫자는 55명. 2002년의 슈퍼바이저는 전사원 교육이 끝나는 시점에 맞춰 사원들에 의해 뽑힐 예정이다.

분임조는 생산 효율을 극대화하는 세포조직이다. R&D 부문에서 알지 못하는 현장 문제를 해결한다.

'아가페'로 이름 붙여진 분임조의 경우 2001년 말 공정 중 자재교환시간 단축을 통한 생산량 증대라는 과제를 자체 발굴, 효율을 두 배 이상 높였다. 무선사업부 내에는 이러한 분임조만 210개에 달한다.

반도체 사업부문의 경우도 기흥공장에만 920개가 넘는 분임조가 조직돼 있다. 분임장은 대부분 현장 여사원이다.

이 중 '액티브(ACTIVE)' 분임조는 신입사원도 쉽고 적극적으로 참여할 수 있는 재미있는 분임조 활동의 틀을 구축, 2001년에 600일 무사고작업 신기록을 세웠다.

기흥사업장에서만 2001년 총 1,403건의 제안이 나와 878억 원의 원가절감을 이뤄냈다.

분임조는 사원들의 팀워크를 한 방향으로 만들면서 생산현장에서 발생하는 불만에서부터 가정생활의 어려움까지 해결하는 세포조직이다. 노조보다 더욱 치밀하게 사원들의 애로점을 '발굴' 해서 해결하고 있다.

"종업원들을 인간적으로 대우하고 내 회사라는 생각을 갖게 하면 신바람을 내면서 자율적으로 일을 한다. 이익이 나면 종업원에게 혜택이 돌아가야 한다. 동지애가 생겨나면 조직은 더욱 강해진다."

이건희 회장이 현장 방문 때마다 강조하는 내용이다.

### 다양한 상담 채널

삼성전자가 2001년 복리후생비로 쓴 돈은 515억 원. 1인당 110만 원이 넘는다. 총 급여비는 2조 원이 넘는다. 급여와 복리후생에서 최고의 수준을 유지하려는 삼성 때문에 임금 인플레가 가중된다는 다른 기업들의 불만이 터져나올 정도다.

삼성본관 8층에는 여성 휴게실과 함께 여성 상담소가 따로 있다.

2001년 1월 국내 기업에서 처음으로 설치된 여성상담소는 직장 내 성희롱 예방과 여성인력의 활성화가 목적이다. 전화상담은 물론 24시간 사이버 상담실을 운영하고 있다.

여성인력의 직장 내 리더십 강화와 특화된 교육 프로그램의 운영도 목표로 하고 있다.

삼성전자는 또 20명의 노무사를 자체 보유하고 있다. 2002년 안으로 한국심리학회와 공동으로 노무상담사 과정을 개설할 예정이다. 노조를 대신해 종업원의 의견을 청취할 수 있는 다양한 채널을

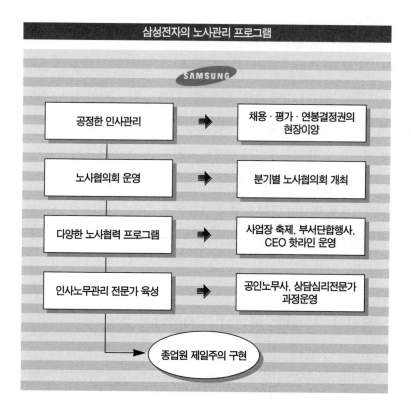

삼성전자의 노사관리 프로그램

SAMSUNG

| 공정한 인사관리 | ➡ | 채용·평가·연봉결정권의 현장이양 |
| 노사협의회 운영 | ➡ | 분기별 노사협의회 개최 |
| 다양한 노사협력 프로그램 | ➡ | 사업장 축제, 부서단합행사, CEO 핫라인 운영 |
| 인사노무관리 전문가 육성 | ➡ | 공인노무사, 상담심리전문가 과정운영 |

종업원 제일주의 구현

확보하려는 것이다.

CEO의 지시가 말단 직원에게까지 24시간 내에 전파될 수 있도록 사내 방송과 사내보, 인트라넷과 같은 다양한 채널을 가동하고 있다. 노조는 아니지만 사원 대의기구인 노사협의회를 통해 경영정보를 공유하는 것도 같은 맥락이다.

매분기 개최되는 정기 노사협의회에 최고경영자가 반드시 참석, 경영현황 전반에 대한 정보를 공유하고 있다고 삼성측은 말한다.

노사협의회 내에 각종 분과위원회를 운영하면서 인적 자원 개발 및 공정한 평가와 보상 시스템에 대해 노사가 머리를 맞대고 협의한다는 것이다.

일부에서는 여성 및 R&D 위주로 이뤄진 삼성전자의 인력구조상 노조결성 자체가 쉽지 않을 것이라는 지적도 나오고 있다. 이에 대해 삼성측은 무노조 경영에 대한 편향된 시각을 의식해서라도 종업원 복지와 인사의 공평성에 신경을 쓰지 않을 수 없다고 말한다.

모토로라, IBM, 텍사스 인스트루먼트, 쉘 등 경쟁관계에 있는 선진기업들도 무노조 경영을 통해 고도의 효율성을 유지하고 있는 만큼 삼성을 예외적으로 볼 필요가 없다고 주장하고 있다.

## 철저한 '삼성맨' 만들기— 신입사원 교육

삼성전자의 이미지와 가장 유사한 TV 프로그램은 무엇일까.

삼성전자가 2001년 브랜드 마케팅을 위해 실시한 설문조사 결과 'MBC의 〈성공시대〉'로 나타났다.

정국현 상무에 따르면 "철저한 자기관리와 끊임없는 노력, 조직에 대한 로열티(충성)를 통해 성공을 이뤄내는 휴먼 스토리가 삼성의 이미지와 부합한다고 느끼고 있다"는 것이다.

한 예로 삼성 직원들은 외부인과 함께 있는 자리에서는 사석에서도 회사를 헐뜯거나 상사에 대해 험담을 하지 않는 경향이 있다.

"외환위기 이후 대량해고가 발생하면서 이러한 '전통'은 많이 약화되긴 했지만, 다른 기업에 비해서는 조직에 대한 충성도가 상대적으로 무척 센 편"이라고 L그룹 C 차장은 털어놓는다.

삼성 직원들의 충성도가 높은 가장 큰 원인으로는 입사 한 달 만에 사람을 바꿔놓는 교육 시스템이 꼽힌다. 삼성에 입사한 모든 신입사원들은 4주 간의 그룹 입문교육을 받는다.

한 달짜리 그룹 공통의 합숙교육 프로그램을 운영하는 기업은 국내에서 삼성이 유일하다. 입문교육의 강도는 ROTC 출신들도 고개를 설레설레 흔들 정도로 '악명'이 높다.

오전 5시50분 기상부터 밤 9시까지 빡빡하게 일정이 짜여져 있다. 일요일에도 종교활동 시간을 제외하고는 정상적으로 교육이 진행된다.

인사교육팀 관계자도 "다른 기업의 신입사원 교육이 대학교 MT 수준이라면 삼성 입문교육은 신병교육훈련보다 더 가혹하다"고 인정한다.

1주차 교육은 사회인으로서의 기본 다지기에 초점이 맞춰진다. 적당한 와이셔츠 길이, 넥타이 매는 방법에서부터 술 마시는 방법 등 기본적인 비즈니스 에티켓도 가르친다. 삼성인으로서 지켜야 할 품성이나 규칙이 완전히 몸에 배도록 하기 위한 것이다.

챌린저 코스로 불리는 팀워크 다지기 프로그램도 필수과목. 20명이 한 팀을 이뤄 암벽타기·유격훈련 등을 실시한다.

한 명의 낙오자도 생기지 않도록 서로 격려하고 응원하는 과정에서 자연스럽게 소속감과 동료애를 가지도록 유도한다.

2주차에는 삼성식 경영관에 대한 교육이 이뤄진다. 삼성이 한국 경제에 미치는 영향 등 대기업의 역할, 삼성이 갖는 경쟁력의 원천 등에 대한 교육이 집중적으로 이뤄진다.

교육은 일방적 강의가 아니라 철저한 찬반 토론 형태로 진행된다. 자원봉사 및 도전, 테마 활동 등으로 구성된 3주차 프로그램이 끝나면 마지막 한 주는 정리 및 평가기간이다.

해외주재원 등의 경험을 지닌 선배들과의 대화시간을 통해 스스로의 비전을 키워나가도록 한다.

4주 간의 일정이 끝나면 사람이 달라진다. 얼굴에 긴장감이 배인다. 이른바 '삼성맨'으로 탈바꿈하는 것이다.

이현봉 인사담당 부사장은 "삼성은 조직원 모두에게 삼성이라는 기업의 존재 이유에 대한 명확한 인식과 이해를 요구한다"며, "이것이 회사의 골간이 유지되는 비결"이라고 말했다.

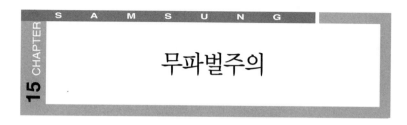

## 무파벌주의

### 열린 마인드, 능력이 최고

삼성전자 내에서도 핵심 부서로 꼽히는 자금·경리·관리담당
임원. 연간 수십조 원의 캐시플로(현금흐름)를 관리하며 회사의 자
금정책을 좌지우지하는 이들의 이력서를 보면 속칭 '일류대' 출신
이 아닌 경우가 허다하다.

자금팀장인 A 전무는 지방 사립대를 졸업했으며, 경리팀장인 B
전무는 지방 국립대 경영학과를 나왔다. 2002년 초 정규인사에서
새로 임원(상무보)이 된 사람은 58명이지만 이 중 서울대 출신은 5
명에 불과하다.

연세대(4명), 고려대(3명) 등 이른바 3대 명문을 합쳐도 12명으로

20% 수준에 그친다. 국내 상장사들에서 3대 명문 출신이 차지하는 평균비율 47%(상장사협의회 조사)에 비하면 절반에도 미치지 못하는 수준이다.

반면 지방대 출신이 차지하는 비중은 30%를 넘어선다. 경북대 출신이 6명으로 가장 많고 인하대(5명), 부산대(4명), 광운대(3명)의 순이다. 고졸 출신도 있다. 현재 삼성전자를 이끌고 있는 사장급 이상 최고경영진 10명 중 2명은 지방대를 나왔다. 학벌보다는 비교적 능력 중심으로 승진이 이뤄지고 있는 셈이다.

## 학연 · 지연 · 인연의 배제

삼성전자에서 출신지역과 대학을 묻는 것은 금기사항이다. 모 상무는 "입사해서 20년 지났지만 어디서 대학 동문회 한다고 오라는 경우는 한 번도 없었다"고 말한다.

신입사원을 채용할 때도 마찬가지다. 학교나 출신지역 등이 큰 문제가 되지 않는다. 당락을 결정하는 면접 때는 신상명세서를 아예 참고하지 않는다.

일단 서류심사를 통과하면 서류는 제쳐두고 면접점수 표만 놓고 집단토론 형식의 면접에 들어간다. 명절에 상사에게 세배하러 가는 일도 없다.

삼성이 이 같은 정책을 취하고 있는 것은, 파벌은 언제든 집단이기주의로 바뀔 가능성이 적지 않다고 보기 때문이다. 이건희 회장은 이와 관련, "지역 이기주의, 학교 이기주의, 사업부 이기주의는 조직경쟁력을 떨어뜨린다"고 여러 차례 강조하기도 했다. 그러다 보니 파벌 조성으로 오해받을 만한 행위는 자연스럽게 금기시됐다.

1994년부터는 채용에서 아예 학력 제한이 철폐됐다. 이른바 열린 채용이다.

"인재의 좋고 나쁨은 학력에 있는 것이 아니라 개개인이 갖고 있는 잠재능력에 있다"며, "학력에 상관없이 뽑고 능력을 발휘하면 대졸 사원과 동등하게 대우하라"고 한 이 회장의 지시가 배경이 됐다.

능력 위주의 인사정책이 뿌리를 내리면서 파벌을 배격하는 문화가 더욱 공고해졌고 외부로부터 수혈되는 이른바 '이방인'들도 늘게 됐다. "능력 있고 끼 있는 사람은 가리지 말고 뽑으라"는 회장 지시에 따라 내부 또는 외부 발탁 인사 케이스가 대폭 증가했다. 이런 사람이 하나둘 늘다 보니 족보를 따지는 자체가 거의 무의미해졌다. 현재 삼성전자 임원 421명 중 공채 출신은 66%, 나머지 34%는 외부에서 '수혈'됐다. 진대제·황창규 등 스타급 사장들도 비공채 출신이다.

삼성그룹은 신춘문예 당선자, 디자인·소프트웨어·광고·수학 경시대회 등 각종 경시대회 입상자, 다국어 능통자들은 학벌에 상관없이 뽑는다. 이 같은 '특별 채용'으로 삼성에 들어오는 사람만도 매년 100명이 넘을 정도다.

1995년 이후 채용 때마다 쓰고 있는 적성검사 프로그램 'SSAT' 역시 평범한 조직인보다 끼 있는 천재를 우대하는 삼성의 채용 특성을 상징하는 제도다. 응용능력·언어·수리·추리·공간지각 등 다

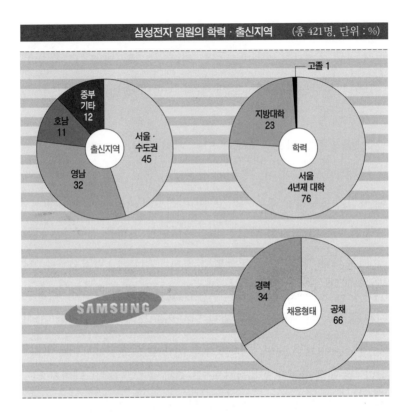

**삼성전자 임원의 학력·출신지역** (총 421명, 단위 : %)

출신지역
- 중부 기타 12
- 호남 11
- 서울·수도권 45
- 영남 32

학력
- 고졸 1
- 지방대학 23
- 서울 4년제 대학 76

채용형태
- 경력 34
- 공채 66

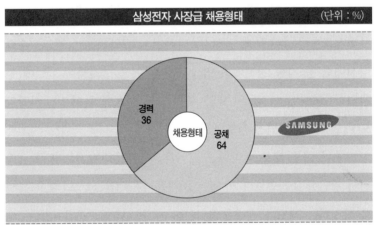

**삼성전자 사장급 채용형태** (단위 : %)

채용형태
- 경력 36
- 공채 64

섯 가지 항목으로 나뉘어 있지만 과락은 없다. 한 항목에서 월등하다면 나머지 부분에서 부진해 종합점수가 낮더라도 채용한다는 뜻이다.

## 내부성장과 학력파괴

다양한 채용 채널 등 인사정책의 변화와 함께 기업이 점차 글로벌화되고 있는 점도 파벌의 형성을 가로막는 토양이 되고 있다. 2002년에 상무보가 된 58명 중 해외에서 석·박사 이상의 자격증을 취득한 사람은 9명으로 전체의 15%가량을 차지하고 있다.

2001년에는 전체 승진자 148명 중 29명(20%)이 역시 해외 유수 대학에서 석·박사 학위를 따낸 사람들이었다. 2001년 말 기준으로 삼성그룹 전체적으로 해외에서 MBA 자격증을 딴 사람만 129명에 달한다. 지역전문가 코스를 거친 인원도 2,200명(그룹 기준)이다. 인재개발팀 K 과장에 따르면 "고등학교 또는 같은 출신지역 선·후배 사이라고 끌어주고 하다가는 촌놈 취급받기 딱 좋은 상황"이라는 것이다.

2002년엔 데이비드 스틸 미래전략그룹 내 해외전략 고문을 외국인 중 처음으로 본사 임원인 상무보로 승진 발령했다. 5,000주에 달하는 스톡옵션도 제공했다. 스틸 상무보는 국내 삼성전자에서 일하는 60여 명의 외국인 중 첫 정규직 임원이 됐다. 삼성전자는 앞으로 신입사원에 대해서도 연봉을 차등 적용하는 등 학력을 떠나 능력과 성과위주의 이익배분제를 확산할 방침이다.

구조본 인사팀 고위관계자는 "이 회장은 신입사원을 평가할 때도 S(Super)급 제도를 도입하고, 발탁인사 역시 제한을 두지 말고 과감히 실시하라고 강조한다"며, "2~3년 안에는 신입사원의 경우에도 최고 두 배까지 연봉 차이가 나게 될 것"이라고 설명했다.

이건희 회장은 2002년 6월 5일 용인에서 '인재전략 사장단 워크숍'을 열고 "우수 인재를 확보하고 양성하는 것이 경영자의 기본 임무"라며, "핵심인재 확보를 위해 사장도 직접 뛰라"고 지시할 정도로 우수한 인재에 대한 욕심이 남다르다. 이에 따라 삼성은 현재 1만 1,000명 규모의 석·박사 인력(그룹 기준)을 매년 1,000명씩 늘려나가기로 했다.

그렇지만 삼성으로서도 젊고 유능한 여성인력의 잠재력을 적극적으로 개발하지 못해 남성 위주의 기업문화를 형성하고 있는 점은 앞으로 풀어야 할 숙제다.

삼성전자 전체 임직원 4만 6,000여 명 중 여성인력은 2만 1,000여 명. 이 중 생산직 근무자가 1만 4,000여 명이고 나머지 7,000명 가량은 마케팅·R&D·관리 파트 등에 몸담고 있다. 물론 유능한 여성인력이 숱하게 많지만 여성임원은 한 명뿐이다. 그나마 사법고시 출신으로 특채된 케이스다.

이현봉 인사담당 부사장은 "과장 이상 간부직 여성사원이 1996년 28명에서 2001년엔 219명으로 8배 가까이 늘어났다"며, "여성 리더십 교육과정을 개설하는 등 여성 고급인력을 체계적으로 육성할 계획"이라고 말했다.

# 파벌 용납 않는 1등주의

"삼성전자는 다른 기업과 비교해 하등 뛰어날 것이 없다. 인적 구성과 사업 내용에서도 특이한 구석을 발견할 수 없다. 게다가 목표치는 과도하게 설정돼 있다. 사업마다 객관적으로 달성 불가능한 목표를 제시하고 있다."

지난 2000년 4월 수원의 삼성전자 연수원. 전임원이 소집된 가운데 삼성전자에 대한 컨설팅을 맡던 매킨지의 수석 연구원은 이렇게 결론을 내렸다. 삼성전자의 주소를 재확인한 순간이었다. 맨 앞좌석에 앉아 있던 윤종용 부회장의 얼굴이 굳어졌다.

"다만 특이한 점은 결국에는 이 목표를 이뤄낸다는 것이다. 객관적으로 불가능한 일을 해낸다. 삼성의 미스터리다." 매킨지가 마지막에 덧붙인 삼성전자의 '가능성'은 아이러니하게도 '미스터리'였다. 세계 최고의 컨설팅 업체라는 평판과 걸맞지 않은 결론인 셈이다.

### 1등에의 집착

이형도 중국 총괄대표는 이 미스터리에 대해 "일류에 대한 집착과 빈틈없는 동질감 때문"이라고 분석했다. 일류를 지향하는 조직에서 높은 업무 강도를 버텨내기 위해서는 임직원에게 한 방향의 단결심을 요구하게 되고 자연히 파벌을 배격하게 된다는 게 이 대표의 설명이다.

삼성전자는 이러한 사업 성과와 실전 경험을 축적하고 있다. 지난 1984년 3월 설립된 D램 1라인의 공사기간은 6개월이었다. 미국이 1년 반 만에, 일본은 1년이 걸리는 일을 절반으로 단축했다. 준공식 초청장을 받은 해외 VIP들이 기겁했을 정도다. 2개월 뒤인 5월에는 2공장 설립 검토 지시가 내려졌다.

1994년 처음 시작한 휴대전화 사업은 2001년에 노키아, 모토로라, 지멘스에 이어 세계 4위에 올랐고, 2002년엔 3위로 다시 한 단계 상승했다. 선두가 아니면 살아남기 힘든 외부적 조건도 1등주의를 부추긴다.

삼성전자를 맹추격하는 중국업체들은 텔레비전을 kg당 3.5달러의 무게로 달아 팔고 있다. 중국에서 이런 업체들과 경쟁에서 살아남으려면 경쟁하는 법도 알아야 하지만 필사적인 원가절감 노력 역시 필수다.

## 동질의식의 공유

삼성에는 내부 직원들끼리만 통하는 용어가 있다. '복합화', '업(業)' 등이 그것이다. 외부인이 들으면 무슨 소리인지 금방 와닿지 않은 용어들도 삼성직원은 쉽게 이해하고 똑같이 설명해낸다.

교육은 동질감을 형성하는 대표적 수단이다. 삼성은 신입사원을 뽑으면 계열사 구분없이 300여 명씩 모아놓고 한 달 간 단체로 숙식시킨다. 새벽부터 밤까지 지속되는 교육일정에는 '삼성인의 용어'가 설명된 책자를 읽고 퀴즈를 통해 암기하는 과정도 포함돼 있다.

'삼성'을 잊을 만할 때쯤 되면 이듬해 여름 전 계열사 1년차 사원을 불러 2박 3일 간 그룹 하계수련회를 실시한다. 이러한 교육의 목표는 수직적 관계보다 수평적 관계를 강조함으로써 동질감을 느끼게 하는 것이다.

행동양식을 규정하는 삼성만의 표현도 있다. '의전을 잘 챙겨라'나 '절도 있게 행동하라'는 말에 삼성 직원들은 익숙하다. 상사의 편의에 각별한 신경을 쓰고 빈틈없는 몸가짐을 요구하는 전통은 신입사원 교육의 중추에 서 있었던 ROTC 출신들이 심어놓은 군대식 문화다.

강한 교육은 이병철 선대 회장 때부터 강조됐다. 구조본 출신 P 상무는 "고(故) 이병철 회장은, 신입사원 교육시설은 화단의 꽃 배열까지 신경쓸 정도로 교육에 그룹의 미래가 걸려 있다고 믿었다"라고 말했다.

이 같은 강한 교육은 '삼성맨'이라는 말이 탄생한 배경이 됐다. 짙은 색깔로 다른 조직과 구별되는 독특한 문화는 내부 결속력을 높이는 데 큰 역할을 하고 있다. 하지만 이 때문에 외부에서는 '차갑고 비인간적'이라는 곱지 않은 시선도 받는다.

16 CHAPTER

# 글로벌 경영

## '우리는 최고를 판다'

삼성전자가 세계적 경쟁력을 갖추는 데는 탄탄한 해외 거점들이 큰 몫을 했다. 삼성전자는 현재 생산 및 판매법인 또는 지점·연구소 등의 형태로 47개국에 진출해 있다.

해외 거점은 본사와 유기적 협력관계를 유지하며 사업효율을 높여나가고 있다. 거의 전사업장이 지금은 안정적 수익구조를 갖췄다는 평가를 받고 있다.

삼성이 효율적 글로벌 경영 시스템을 구축하게 된 것은 나름대로 수많은 시행착오를 겪으면서 노하우를 축적했기 때문이다.

삼성의 글로벌 전략은 한 마디로 '디지털 고부가가치 상품의 생산 · 판매'로 압축할 수 있다.

저가 브랜드라는 이미지를 주지 않기 위해 월마트에조차 물건을 넣지 않을 정도다.

### 선 시스템 후 가동 원칙 정립

1997년 외환 위기가 터지기 전까지 삼성전자는 해외 투자를 외형 위주의 성장논리로 결정했다.

이를 테면 인건비 등 단순우위를 비교해 투자하거나 경쟁사가 들어가면 뒤질세라 진출하기 일쑤였다.

투자 목적도 무역규제에 대응하거나 제조 단가를 낮춤으로써 경쟁력을 높이는 데 맞춰졌다.

해외 진출 측면에서 다른 기업과의 차별성이 거의 없었다는 이야기다. 그러다 보니 사전 인프라도 제대로 구축하지 못한 채 서둘러 공장을 돌리기에 바빴다. 물량 위주의 경영은 재고 및 채권 증가로 이어졌다.

지난 1997년까지 재고 및 채권보유 평균 일수는 각각 41일과 55일에 달했다. 당연히 차입금이 늘 수밖에 없는 구조였다.

적자가 심화되고 재무 리스크가 커지면서 대형 부실이 발생할 위험에 처하기도 했다. 외환위기로 달러 한 푼이 아쉽던 지난 1997년의 경우도 삼성전자 해외 법인은 총 6억 7,000만 달러의 누적적자를 기록했다.

해외 법인의 평균 자기자본비율은 12%에 불과했다. 정상적인 경

영이 될 리 없다. 심지어는 해외 거점이 본사의 경쟁력을 손상한다
는 우려조차 나올 정도였다.

그래서 나온 결론이 '기본에 충실하자(Back to the basic)'는 것.
우선 재무구조를 견실화할 수 있도록 1997년부터 2년여 동안 총 13
억달러를 증자해 자기자본비율을 40% 수준으로 끌어올렸다. 한편
으로는 부실 및 투자목적을 상실한 법인 수십개를 청산했다.

이 회사 해외지원팀 김진식 부장은 "해외의 경우는 진출할 때보
다 철수하는 것이 10배 이상 힘들더라"며 당시의 어려움을 회고했
다. 시행착오를 겪은 덕분에 삼성전자의 해외 거점은 경쟁력 있는
시스템을 갖추지 못하면 공장을 돌리거나 영업을 할 수 없게 됐다.

1998년 진출한 중국 톈진의 모니터 공장은 진출 1년 만에 흑자

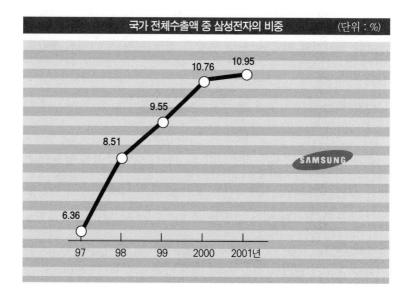

국가 전체수출액 중 삼성전자의 비중 (단위 : %)

10.95
10.76
9.55
8.51
6.36

97  98  99  2000  2001년

| 해외 네트워크 현황 | |
|---|---|
| 생 산 법 인 | 24개 |
| 판 매 법 인 | 34개 |
| 연 구 소 | 10개 |
| 지 점 | 20개 |
| 서 비 스 센 터 | 1개 |

기조를 구축하고 진출 2년 만에 투자 자금을 회수했다. 삼성전자의 모든 해외 법인들이 흑자를 내고 있는 이유도 같은 데 있다.

### 철저한 경영진단

해외 거점이 제대로 움직이는지 파악하기 위해 삼성전자는 매년 한 차례 이상 경영진단을 실시한다.

미래에 생길 수 있는 위험을 사전에 없애자는 취지다.

해마다 5~6월이면 본사 재무관련 임직원은 90여 개 해외거점에 대한 경영진단을 위해 세계 각지로 떠난다.

1개 거점당 파견 인원은 3명. 4~5일 간 치밀하게 사업현황을 분석한다. 새로운 이슈가 발생해 집중 진단이 필요한 경우에는 10여 명이 팀을 이뤄 현지에 파견된다.

단순히 흠을 잡으려는 감사가 아니다. 부족한 부분을 지적하고 미래 경쟁력을 가질 수 있는 사업발전 방향을 모색하는 경영 컨설팅에 가깝다는 게 회사측 설명이다.

삼성전자의 해외 거점은 '리틀 삼성전자'다. 체질과 경쟁력 면에서 충분한 기능을 할 수 있어야 한다.

법인장의 기능도 단순히 생산과 판매에 한정되지 않는다. 본사의 마케팅 전략에 따라 제품을 판매하는 게 아니라 법인에서 목표한 수익을 반드시 내는 경영자가 돼야 한다.

### 본사의 지원체제

삼성전자는 전세계 해외법인에 ERP 시스템을 구축했다. 58개 해외법인의 업무 프로세스를 표준화하고 경영 효율을 높이기 위해서다.

이 시스템을 가동하면서 삼성은 전세계 해외법인의 경영상황을 실시간으로 확인할 수 있게 됐다. 서울에 앉아서도 해외법인의 판매·물류·수출입 상황 등을 면밀하게 체크할 수 있게 된 것이다. 이에 따라 경영 의사결정도 대폭 빨라져 본사와 해외 거점 간 협력도 원활해졌다.

최도석 경영지원 총괄사장은 "해외법인까지 포함하는 ERP가 완성되면서 삼성전자는 확고한 글로벌 기업 이미지를 갖게 됐으며, 디지털 e컴퍼니로 변신할 수 있는 기본 여건도 완비케 됐다"며 의미를 부여했다.

해외법인에 파견되는 인력은 철저한 교육을 받는다. 법인장 교육과정까지 따로 마련할 정도다. 인사 이동에 따른 업무 공백을 최소화시키기 위해 해외 업무와 관련한 매뉴얼도 만들었다.

## 철저한 현지화

현지화 없이는 경쟁력도 없다고 판단한 때문이다.

중국 웨이하이(威海)시에는 산싱루(三星路)가 있다. 산둥성 정부가 삼성법인이 있는 인근 1km의 명칭을 이렇게 정했다.

오는 2051년 말까지 50년 동안 산싱루라는 도로명을 사용하고 광고판도 세울 수 있다. 그만큼 삼성이 현지인들에게 친근하게 다가가고 있다는 이야기다.

중국 정부가 외국 기업에 도로 명칭을 제공한 것은 매우 이례적인 것이다. 이에 대해 삼성전자는 이 지역에 프린터 공장을 세운 데 대해 중국측이 보답한 것으로 알고 있다고 설명했다.

이건희 회장이 전자 사장단에게 "우리의 경쟁력을 높일 수 있으면서도 현지 지역에서도 원하는 그런 해외사업을 적극 개발하라"고 당부한 이후 해외진출 부문에서는 이 같은 윈-윈(win-win) 전략이 자리를 잡게 됐다.

크게 보고 길게 생각하는 게 이 회장의 글로벌 경영전략이다. 지난 1995년 영국 윈야드 복합단지 준공식에는 영국 여왕 엘리자베스 2세까지 참석할 정도였다. 삼성의 해외 투자는 그만큼 현지 국가의 관심사가 된다는 뜻이다.

삼성은 급변하는 경영환경에서 생존하고 발전하기 위해 앞으로도 글로벌 사업경쟁력 강화를 위한 시스템을 구축하는 데 더욱 힘쓸 계획이다.

현지인 채용 측면에서도 삼성의 위상에 걸맞은 최고 인재를 뽑는데 신경을 쓰고 있다. 삼성은 현지 채용인을 A, B, C, D 4등급으로 분류한다. 이들 중 C, D 등급으로 분류되는 사람들은 정리대상이다.

현지법인에 몸을 담고 있으면서도 회사가 어려울 때 별다른 기여를 하지 못한 사람들도 내보내는 게 원칙이다. 삼성이 최고의 인재로 1등주의를 추구해나가는 것은 해외에서도 다를 바 없다는 이야기다.

## 지역별 별도 모델 개발 — 해외시장 성공비결

삼성전자는 지역별로 차별화된 시장진출 방안을 갖고 있다.

해외 전략의 기본 철학은 현지 소비자들의 기호를 반영한 고가 브랜드로 중장기적인 수익 기반을 구축하는 데 두고 있다. 본사나 해외 거점을 막론하고 삼성의 이름으로 만든 제품은 제값을 받고 팔겠다는 것이다.

미국 시장에서는 디지털 TV, TFT-LCD 모니터, 휴대전화 등을 고가 브랜드로 정착시키기 위해 활발한 마케팅을 벌이고 있다.

대형 유통점인 베스트바이, 시어스, 서키트시티 등과 제휴해 별도의 제품 코너를 운영하고 있다.

회사 관계자는 "미국 내에서 삼성 브랜드에 대한 이미지가 점차 뿌리를 내리고 있다"며, "새로운 기술과 디자인을 채용한 신제품을 계속 선보일 계획"이라고 말했다.

삼성은 2001년 미국에서 49%였던 디지털 제품의 판매 비중을 2002년에는 68%까지 상승시킬 계획이다. 또 DVD, HDTV, TFT-LCD 모니터, 휴대전화의 시장 점유율은 10% 이상으로 끌어올릴 방침이다.

유럽 시장 공략에도 한층 박차를 가하기로 했다.

진대제 디지털 미디어 총괄사장은 오는 2005년까지 유럽 지역 매출을 150억 달러로 확대시킬 계획이라고 밝혔다. 고속 무선 네트워크에 접속할 수 있는 핸드 PC 등을 비롯한 신제품으로 유럽 시장을 더욱 잠식해들어간다는 전략을 갖고 있다.

삼성은 유럽 시장 공략을 위해 유럽인들의 취향에 맞는 모델을 따로 개발하는 등 다양한 방안을 강구하고 있다.

중국에서는 노트북, TFT-LCD 모니터, 프로젝션 TV, 레이저 프린터, 디지털 캠코더 등 5개 디지털 제품 중심으로 마케팅 활동을 전개하고 있다. 경쟁사와는 차별되는 성실한 애프터 서비스 활동을 펼쳐 좋은 반응을 얻고 있다.

일본에서는 액정 TV 등의 고부가가치 제품으로 소비자 관심을 이끌어낼 계획이다. 중저가 제품에 치중하는 중국과는 달리 고가 제품 판매에 힘을 기울이면서 차별화 전략에 주력할 방침이다. 지역별 시장전략이 다르듯 삼성은 제품별 판매전략도 따로 세우고 있다.

에어컨의 경우 단품 위주의 가정용 에어컨 수출에서 탈피해 상업

용인 시스템 에어컨 판매를 확대해나가기로 했다. 단계적으로 이 제품의 매출 비중을 늘려 전체 에어컨 매출의 절반 이상을 시스템 에어컨으로 채운다는 목표다.

삼성전자에 있어서는 지구촌 전체가 열려 있는 시장이다. 전자제품은 물론 반도체, 통신 등 다양한 제품군을 확보하고 있기 때문에 타 경쟁업체에 비해 유리하게 해외 사업을 할 수 있는 것이 최대의 장점이다.

삼성은 현재 해외생산 비중이 3분의 1정도지만 앞으로는 이 비중을 절반 정도로 높여가기로 했다. 글로벌 기업으로서의 이미지에 걸맞은 생산 및 판매 시스템을 구현해나가겠다는 뜻이다.

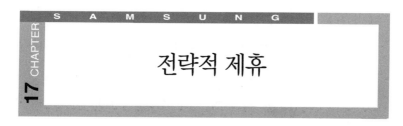

# 전략적 제휴

## 세계적 기업들과 '윈-윈'

윤종용 삼성전자 부회장은 2001년 "삼성전자가 소니를 앞지를 것"이라는 기사가 언론에 보도되자, "소니를 자극하는 발언을 절대 하지 말라"며 관련자들에게 불호령을 내렸다.

이데이 노부유키 회장을 비롯한 소니 경영진과 만났을 때는 문제의 발언을 한 간부에게 사과까지 시켰다.

그는 "앞으로도 소니와 협력할 일이 많은데 이익이 좀 났다고 상대방을 자극해서는 안 된다"고 강조했다. 삼성전자가 다른 기업과의 제휴와 협력을 얼마나 중요하게 여기는지를 보여주는 대목이다.

삼성전자의 성장사는 사실상 제휴와 협력의 역사라고 해도 과언이 아니다.

삼성은 1969년 일본 산요전기와 합작법인을 설립하면서 처음으로 전자산업에 뛰어들었다.

삼성전기는 산요와, 삼성SDI는 NEC와, 삼성코닝은 미국 코닝사와 전략적 제휴관계를 맺고 발전했다. D램, 휴대전화 등 주요 사업들의 고비고비마다 미국과 일본의 협력업체들이 '조연자'로 등장한다. 크고 작은 제휴와 기술협력이 뒤늦게 출발한 불리함을 극복할 수 있게 만들었다.

삼성전자의 새로운 '캐시카우'로 부상한 휴대전화 사업은 2001년 업계 3위로 발돋움할 전망이다.

휴대전화 사업은 2001년 1조 2,000억 원의 이익을 올렸고 2002년에는 더욱 늘어날 것으로 예상된다.

휴대전화 사업의 성공은 CDMA 방식의 휴대전화용 칩 원천기술을 보유하고 있는 미국의 통신용 반도체회사 퀄컴과의 협력이 배경이 됐다.

1990년대 초 유럽형 휴대전화 방식인 GSM이 세계시장을 휩쓸고 있을 때 퀄컴은 CDMA 휴대전화와 각종 장비가 개발되기를 학수고대하고 있었다. 시장 개척기였던 만큼 빨리, 그리고 믿을 만한 품질의 제품이 나와야만 했다.

삼성전자는 리스크를 떠안으며 적극 사업에 나서 퀄컴의 기대수준에 맞는 CDMA 휴대전화를 제일 먼저 시장에 내놓았다. 그 결과 CDMA 시장이 자리를 잡았고 퀄컴도 세계적 회사로 발돋움했다.

삼성전자 역시 이를 발판으로 지난 1994년 미국에 처음으로 휴대전화기를 수출한 이후 10년도 안 돼 세계 굴지의 휴대전화업체로 성장할 수 있었다. 삼성전자와 퀄컴은 이와 잇몸의 관계처럼 서로에게 의존하고 있다.

삼성전자도 다른 업체들처럼 5%대의 높은 로열티를 물고 있지만 퀄컴은 새로운 칩이 개발되면 제일 먼저 삼성으로 가져온다. 그만큼 시장에서 앞서갈 수 있는 기회를 주는 것이다. CDMA 휴대전화업계 1위인 삼성에서 좋은 제품이 나와야 퀄컴의 수입도 늘어나기 때문이다. '윈-윈 전략'의 대표적 사례다.

램버스 D램의 경우는 삼성전자의 실용적인 제휴전략을 잘 보여준다. 미국 램버스는 독창성을 주장하기 어려운 기술로 광범위한 특허를 얻어 지난 2000년 D램 업체들에 로열티를 요구했다. 인피니언과 마이크론, 하이닉스 등 경쟁업체들은 램버스의 주장이 말도 안 된다며 소송을 걸었다.

그러나 삼성전자는 한 해에 1,500만 달러씩 3년 간 4,500만 달러나 되는 소송비용을 물며 소송에 힘을 낭비하느니 약간의 특허료를 내고 조기에 사업화하기로 결정했다.

램버스로서는 삼성전자가 구세주나 마찬가지였다. 초고속 램버스 D램 사업에 램버스의 적극적인 협력을 받을 수 있었던 것은 당연했다.

더구나 2001년 램버스가 인피니언과의 소송에서 패해 삼성전자도 더 이상 특허 사용료를 내지 않고 있다.

삼성전자는 인텔과도 전략적 제휴를 맺고 펜티엄4 CPU를 지원하는 램버스 D램 시설 자금 등을 지원받았다. 삼성전자는 램버스 D램 시장의 50~70%를 차지하면서 지금까지 20억 달러 이상의 매출과 5억 달러 이상의 이익을 올렸다.

이건희 삼성 회장도 이렇게 강조한 적이 있다.

"1억 원만 주면 1주일 만에 가져올 수 있는 기술을 10억, 20억 원을 들여서 3~5년씩 걸려 개발하는 것은 낭비다. 5%의 기술료를 주고 노하우를 들여와 10%의 이익을 내면 된다."

적과의 동침도 마다하지 않는다. 통신용 비메모리 반도체 사업을 위해 같은 휴대전화 업체인 에릭슨으로부터 블루투스 핵심기술을 도입했다. 노키아에는 차세대 제품인 정보단말기 겸용 휴대전화에 들어가는 D램을 공급하고 있다.

반대로 제휴협력관계를 맺은 업체의 핵심영역도 미래 유망사업 분야라면 과감히 도전한다. 인텔이 장악하고 있는 CPU, 퀄컴의 통신용 반도체 등의 경우가 여기에 해당한다. '동지'도 결국엔 세계 최고의 자리를 놓고 다투는 경쟁자이기 때문이다.

따라서 전략적 제휴는 절대 배타적 관계로 맺지는 않는 게 삼성전자의 제휴원칙이다. 한 쪽에서의 협력이 다른 쪽 사업의 발목을 잡지 않도록 하기 위해서다. 제휴를 각 분야 선두권 업체들과 하는 것도 삼성전자의 전략이다. "강한 기업들끼리 서로 협력해 새로운 1등이 되자는 전략"이라고 김현덕 경영기획팀장(전무)은 소개했다.

과거에는 보완관계를 지향하는 제휴가 많았으나 1~2위권의 기업만이 살아남는 환경이 되면서 1~2등이 더 잘 하기 위한 제휴를 한다는 것.

삼성전자는 가전, 디지털 미디어, 통신, 반도체 등 사업범위가 전방위에 걸쳐 있어 많은 업체들과 제휴 협력관계를 맺고 있다. 각 사업부문에서는 기존사업의 경쟁력 강화를 위해, 회사 차원에서는 미래사업 강화를 위해 제휴를 추구한다.

일본 소니와는 5년 전부터 회사전반의 경영전략을 논의하고 있다. 1년에 두 차례 양국을 오가며 윤종용 부회장과 이데이 회장이 사장단을 대동해 만난다. 5~10년 뒤 산업전망, 경제환경 변화, 기술예측 등에 대해 논의하고 전략설정 방향도 공유한다.

올해로 17년째인 도시바를 비롯해 NEC, 샤프 등과도 최고경영자 교류회를 갖고 있다. 이 교류회에서 사업 아이디어가 논의되면 간부들과 실무진들이 각각 만나 세부방안을 논의한다.

AOL타임워너사와의 전략적 제휴는 미래에 대비하는 광범위한 성격의 제휴다. AOL타임워너는 미국 내 인터넷서비스망과 영화 콘텐츠 등 삼성전자가 갖고 있지 않은 강점을 보유한 세계적 기업. 여기에다 삼성전자의 제품과 기술을 결합시키려는 프로젝트가 진행 중이다.

최근 삼성전자에는 세계적 업체들의 제휴요청이 더욱 늘고 있다.

마이크로소프트와 IBM 등은 각각 '닷넷', '그리드' 등 '유비퀴터스 네트워크(Ubiquitous Network)' 사업을 함께 추진하자고 요청했다. 이 사업은 홈 네트워크나 오피스 네트워크, 모바일 네트워크에서 한 발 더 나아가 공간이나 수단의 제한없이 각종 정보기기를 연결할 수 있는 차세대 네트워크 사업. 삼성이 디지털 컨버전스에 필요한 모든 사업분야를 갖추고 있기 때문이다.

1990년대 초까지만 해도 선진업체들로부터 홀대를 받았던 것과는 딴판이다.

## 해외의 시각 — 기술 · 경영전략 세계일류

컬럼비아사가 이달 초 개봉한 〈스파이더맨〉.

이 영화에 나오는 뉴욕 맨해튼 타임 스퀘어 장면에서 건물 벽면에 걸려 있는 삼성전자의 입간판이 한때 실종될 뻔했다. 당초 영화에는 삼성전자의 입간판 자리에 'USA TODAY' 간판이 걸려 있던 것이다.

컬럼비아의 대주주는 일본 소니다. 소니는 경쟁업체 광고를 해줄 이유가 없다고 보고 그래픽 처리를 통해 삼성전자를 지워버린 것. 건물주의 항의로 간판은 원래대로 복원됐지만 이 사건은 소니가 삼성을 얼마나 의식하고 있는지를 잘 드러내줬다.

외국 애널리스트들의 진단을 보면 소니의 이 같은 행위가 결코 '오버' 하는 것은 아님을 알 수 있다. 미국 워버그증권의 유명한 애널리스트인 듀톤은 "삼성전자를 다른 회사 기술을 모방하는 기업으로 분류해서는 안 된다"고 잘라 말했다.

노무라증권 애널리스트 시로 미코시바는 한 발 더 나아가 "삼성전자는 비용을 정말 효율적으로 쓸 줄 아는 업체이며 샤프나 히타치보다 제조기술이 뛰어나다. 일본 업체들은 이미 2년 전에 삼성전자와 경쟁을 중단했다"고 지적했다.

외국 애널리스트나 이코노미스트들의 삼성전자에 대한 평가는 몇 년 전과 확연히 달라졌다. 예전에는 값싼 가전제품이나 D램 정도를 만드는 회사로 치부됐다. 그러나 IMF 와중에도 흑자를 내고 휴대전화, 디지털·가전 등에서 지속적으로 경쟁력 있는 제품을 내놓으면서 삼성전자를 바라보는 시각이 완전히 바뀌었다.

미국 스프린트사의 존 가르시아 부사장은 "삼성전자는 디자인과 기능의 우월성으로 무선사업에서 성공했다. 예전에는 많은 사람들이 값싼 전자레인지 정도나 만드는 회사로 생각했고, 또 실제로 그랬다"고 말했다.

외국인은 삼성의 강점을 특유의 치밀함과 이건희 회장의 경영철학에서 찾는다.

프랑스 세릭 코레사의 필립 드 샤보 라투르 사장은 "삼성은 최고의 경영진을 끌어들이는 능력도 대단하지만 장기적 안목에서 치밀히 전략을 짠다는 점에서 여느 기업과 다르다"고 진단했다.

워버그증권의 리처드 사무엘슨 서울 지사장은 "이건희 회장은 대단한 영향력을 갖고 있지만 뒤로 물러나 경영을 전문가들에게 맡긴다"는 점을 지적했다.

이 회장의 카리스마와 경영진의 전문성이 합쳐져 상승효과가 나타난다는 설명이다.

그러나 기업이 강해지면서 나타나는 문제점에 대한 우려도 있다.

워버그의 애널리스트 듀톤은 "삼성이 더 성장하는 데 걸림돌로 작용할 수 있는 것은 오만"이라고 지적했다. 사실 삼성은 오만 때문에 뼈아픈 경험을 한 적이 있다.

지난 1995년 스티븐 스필버그와 영화사업 합작을 시도하다 실패했다. 스필버그는 협상결렬 후 "삼성 사람들은 영화가 아닌 반도체 얘기만 했다"고 말했다.

또 다른 관심사는 후계체제 문제다.

제프리 존스 주한 미국상공회의소 회장은 "이재용 씨는 유능한 경영자가 될 것이란 점을 스스로 입증해야 한다"고 지적했다.

회장의 아들이기 이전에 경영자로서의 자질을 보여줘야 할 시점이 다가왔다는 뜻이다.

# 체계적 홍보정책

## 총성 없는 싸움 홍보전

국내 제일의 대기업인 삼성은 지나치게 기대가 큰 탓인지 가끔씩 비난의 소리가 들리기도 하지만 대부분의 여론조사에서는 '한국최고의 기업'이고 '가장 취업하고 싶은 기업'이며, 이건희 회장은 '재계 1위의 경영자'로 나온다.

이는 실상과는 별개의 차원에서 공중(公衆)이 그렇게 '느끼고' 있기 때문이다.

그만큼 삼성의 대외 커뮤니케이션의 힘이 작용했다고 볼 수밖에 없다.

삼성전자를 비롯한 삼성의 뛰어난 경쟁력 가운데 하나가 홍보기능이다.

삼성의 홍보팀들은 언론홍보와 광고 외에 회사의 이미지를 고양시키고 외부환경의 변화에 신속히 대응해 회사의 경영활동을 안전하게 보호하는 역할을 한다.

삼성은 이병철 선대 회장부터 현재의 이건희 회장에 이르기까지, 홍보를 기업경영의 중요한 요소로 생각하여 1970년도 후반에 이미 비서실에 홍보팀을 발족시켰다(전경련의 손병두 부회장도 팀장 역임).

본격적인 발전은 이건희 회장이 부회장 시절이었던 1980년대부터다.

이 회장은 '기업은 고객을 포함한 공중의 신뢰와 사랑을 받지 못하면 존립할 수 없다'는 확신을 갖고 '국민들의 호의를 얻는 일이 홍보이며, 이는 기업의 생사를 결정할 수 있는 기업경영의 핵심기능'이란 평가 아래 홍보팀을 각사에 발족시키게 했다. 특히 1980년 언론통폐합 이후 언론인들을 영입하면서 체계적인 홍보조직이 갖춰지기 시작했다.

삼성전자는 당시 삼성그룹이 미래의 핵심사업으로 키우는 회사인데다 상품이 고객과 가장 많이 부딪히는 회사로, 삼성그룹의 고객접점 제1전선에 해당돼 홍보팀이 그룹 내에서 처음으로 독립조직으로 구성되었다.

1981년 중앙일보 출신의 이순동 과장(현 구조조정본부 부사장)

을 팀장으로, TBC 출신인 오흥진 대리(현 삼성물산 상무) 등으로 삼성전자의 홍보조직이 만들어지고 대내외 커뮤니케이션을 담당하게 된다.

## 물고 물린 금성사와의 신경전

삼성전자의 성장사에서 빼놓을 수 없는 부분이 초기 금성사와의 치열한 기술경쟁과 이를 알리기 위한 홍보전이다.

당시 홍보전은 첩보전을 방불케 할 정도로 철저한 보안과 정보입수를 통해 물고 물리는 싸움의 연속이었다.

삼성에서 신제품 발표 날짜를 잡으면 금성사는 그보다 앞서 잡았고, 또 그 반대의 상황이 벌어지기도 했다.

당시 두 회사가 영업실적 보고서를 놓고 최후까지 신경전을 벌였던 이야기는 너무도 유명하다.

두 회사는 상대방이 실적을 얼마로 신고했는지를 알아내기 위해 신고 마감시간을 넘기기 일쑤였다.

상대방의 실적을 알게 되면 즉석에서 일부 수치를 수정해 매출액이 더 많게 보고서를 내곤 했다.

그만큼 우위를 점하기 위한 홍보전이 치열했다는 뜻이다.

삼성 입장에서는 강력한 라이벌인 금성사가 있었기에 한 치의 양보도 없는 경쟁을 하면서 세계적 기업으로 도약할 수 있는 기초체력을 마련하게 된다.

1970년대는 금성사, 대한전선, 삼성전자가, 1980년대는 삼성전자, 금성사, 대우전자가, 1990년대는 가전 3사 외에 모토로라, 소니, 파나소닉 등 외국 기업까지 가세해 치열한 생존경쟁을 벌이게 되었다.

이들과 치른 홍보전쟁은 삼성전자 성장사의 압축판이었다.

1980년대 초반만 해도 국내 가전시장은 금성사의 절대강자 시장이며 2위를 대한전선 등이 차지하고 있었다.

따라서 금성 등은 후발인 삼성전자를 경쟁상대로조차 인정하지 않았던 시기였다.

삼성으로서는 소비자의 관심을 끌어들이고 사내의 통합과 사기 앙양을 위해 홍보전에서 만큼은 선두주자와 대등한 위치에 서야만 했다.

삼성은 '별들의 전쟁', '숙명의 라이벌전'이란 소재를 제공하면서 언론의 관심을 집중시켜, 금성사가 초창기 시장을 석권했던 불리한 상황에서도 기사 양에서는 금성사와 맞먹는 위치에 올려놓는 데 성공했다.

전자업계의 컬러 TV, VCR, 세탁기, 전자레인지 판매경쟁은 전쟁이라고 불릴 만큼 치열했으며, 이들의 홍보전쟁 때문에 언론도 재계소식을 본격적으로 다루는 계기가 되었다.

1980년대 중반 회사 슬로건 경쟁도 재미있다. '기술의 상징 금성사', '첨단기술의 상징 삼성전자', '최첨단 기술', '초일류 기술' 등 물고 물리는 싸움의 연속이었다.

신제품에는 항상 '세계 최초', '국내 최초'라는 수식어가 붙게

되고, 양산하기도 전에 신제품 발표회를 경쟁적으로 하며 첨단 이미지 선점에 홍보 화력을 집중했다.

그러나 삼성으로서는 10년이나 후발인데다가, 금성사가 초기 가전 메이커로서의 절대적인 위치에 있어 이미지가 떨어질 수밖에 없었다.

1986년 최초의 본격적 국제행사인 아시안 게임이 열리던 해 삼성은 기업 슬로건을 '인간과 호흡하는 기술 휴먼테크'로 정했다.

국내 최초로 컴퓨터 그래픽으로 탄생한 인공지능을 갖춘 첨단기술의 로봇이 메인 스타디움을 들어올리는 기업광고는 상당한 반응을 일으켰으며 당시로서는 아무도 흉내낼 수 없었던 작품이었다.

기술로 인한 인간성 폐해가 우려될 즈음 '인간을 위한 기술'을 앞세운 '휴먼테크'는 삼성이 인류복리를 위한 첨단기술 메이커라는 이미지를 만들어냈다.

전자업계의 기술홍보 경쟁은 1990년대 들어 삼성전자가 압도하기 시작했는데, 이는 64, 256메가D램 반도체를 잇따라 개발해 세계적으로 각광을 받으면서부터다.

반도체 세계 최초 개발이라는 홍보소재는 삼성전자의 첨단기술 이미지를 더욱 강하게 했고 이를 이용한 홍보전략은 그대로 큰 효과를 보았다.

## 올림픽 스폰서로 세계적 이미지 구축

삼성의 휴대전화는 모토로라가 시장 대부분을 장악하고 있을 때

인 1995년 '애니콜'이라는 브랜드와 '한국지형에 강하다'는 컨셉을 내세우며 뒤늦게 시장에 진입했으나, 1997년 디지털로 바뀌면서 국내 휴대전화 시장은 '삼성 애니콜'로 상징되게 되었다.

삼성 휴대전화는 2000년대 들어 해외에서도 세계 톱 메이커로 부상했고, 우리나라 수출 역사상 가장 고부가가치 상품으로 인정받고 있는데, 이는 올림픽의 후광을 업고 브랜드 이미지가 크게 높아졌기 때문이다.

올림픽은 스포츠 마케팅의 꽃이나 막상 스폰서로 참여하려 해도 세계적인 경쟁사들이 이미 참여하고 있어 삼성의 참여는 불가능해 보였다.

1997년 이건희 회장의 IOC 위원 선임은 삼성이 올림픽 스폰서로 참여를 가능케 하는 계기가 되었으며, 무선통신 분야의 새로운 스폰서 카테고리를 만들어 결국 삼성이 참여하는 길이 열렸다.

언론계에서는 기사에 가장 민감한 반응을 보이는 곳을 꼽으라면 그 선두 그룹에 삼성이 끼여 있다고들 한다.

삼성의 이 같은 자세는 이건희 회장의 홍보철학과 맥을 같이한다. 조그만 기사라도 사실을 정확히 반영해야 하고, 또 회사의 의지가 잘 전달돼야만 공중의 신뢰와 호의를 쌓고 이것이 기업의 생존 기반이 된다는 것이다.

삼성측은 이를 '독자인 국민을 무서워할 줄 아는 고객중시 경영의 표현'이라고 말했다.

삼성은 구조조정본부와 관계사별로 홍보팀이 있으며 그룹 전체적인 일은 그룹 홍보팀, 그리고 제품이나 회사와 직결되는 일은 관계사가 맡아 처리하되, 그 대응이 일사분란해 통일된 목소리와 행동을 한다.

잘못된 기사가 보도될 경우 해당 부분을 명확히 찾아내 언론사를 뛰어다니며 적극적인 해명을 한다.

삼성전자에 고정적으로 등록하고 출입을 하는 기자는 국내 기자만 최소 200여 명에 이른다. 최근 삼성에 대해 큰 관심을 기울이며 취재하고 있는 해외매체의 기자까지 합하면 그 수를 파악하기조차 어렵다.

매일매일 게재되는 삼성전자 관련기사는 우리나라 전체 기업 중 제일 많으며, 하루라도 삼성전자 기사가 게재되지 않는 날이 없을 정도다.

삼성전자의 홍보팀은 국내 기업 최대 규모(70여 명)를 갖고 있으며 이들이 대 언론 관련업무를 비롯, 사내홍보(방송, 출판물), 해외홍보, 기업광고, 스포츠 마케팅, 전시, 사회공헌 이벤트 등을 나눠 맡아 처리한다.

또한 '세계게임월드컵'을 지원하기 위한 조직도 홍보팀 내에 있어 사이버 홍보에도 주력하고 있다.

팀장인 장일형 전무는 행시 출신의 상공부 엘리트 관료 출신으로 올림픽 스폰서 등 스포츠 마케팅을 처리키 위해 몇 개월을 해외에서 보내기도 한다.

부산 아시안 게임을 활용한 스포츠 마케팅 전략을 최종 점검하는 데도 눈코뜰 새 없이 바쁜 나날을 보내고 있다. 홍보담당 김광태 상무는 삼성공채 출신으로 입사 후 20년 이상 홍보업무를 전담해온 베테랑이다.

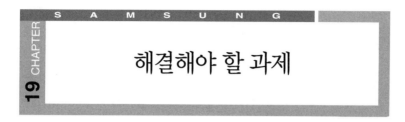

## 원천기술 만들어라

2002년 4월 19일, 이건희 회장은 전자계열 사장단 회의에서 다음과 같이 말했다.

"일반 제트기가 마하 0.9 정도로 음속보다 약간 느린 것으로 알고 있다. 음속의 2배로 날려고 하면 엔진의 힘이 2배만 있으면 될 것으로 아는데 전혀 그렇지가 않다.

비행기 재료공학, 기초물리, 화학 등 모든 원리와 소재가 바뀌어야 초음속 제트기로 넘어갈 수 있다. 마하로 진입하기 위해 전체 소재를 바꿔야 하듯 이제 전체 사고방식을 바꾸지 않으면 선발에 치이고 후발에 쫓기는 신세가 될 것이다."

세계 초일류기업이 되려면 일시적으로 이익을 내는 것만으로는 부족하다. 삼성전자는 지난 1999년 이후 3년 동안 12조 원의 순이익을 냈지만, 단지 이것만으로 초일류기업이라고 얘기할 수는 없다.

요즘처럼 변화가 빠른 시대에는 잘 나가는 기업도 한 번의 그릇된 판단으로 생존조차 어려워지는 상황으로 몰리는 경우가 많다.

아날로그 시대의 황제였던 소니가 "인터넷 시대를 잃어버렸다"는 독백을 하듯, 완벽한 기업으로 여겨졌던 GE와 노키아가 수개월만에 비판의 표적이 되듯, 삼성전자도 언제 어떤 환경 변화에 직면하게 될지 알 수 없는 노릇이다.

삼성전자가 초일류기업의 반열에 오르기 위해서는 하나의 산업을 창출하거나 주도할 수 있는 핵심 원천기술을 자체적으로 확보해야 한다는 게 전문가들의 한결같은 지적이다.

인텔이나 마이크로소프트는 각각 CPU와 운영체계(OS) 분야의 독보적인 기술로 PC의 시대를 열었다.

한 컨설팅 업체의 대표는 "삼성전자는 원천기술을 도입해 이를 운용하는 면에서는 도가 텄다. 그러나 중국이 이를 베껴서 먹고 살게 되면 어디에 설 것인지를 고민해야 한다"고 말했다.

진대제 삼성전자 디지털 미디어 네트워크 사장도 "우리가 메모리나 컬러 TV를 발명한 것이 아니지만, 발빠른 추종자로서 사업화하는데 성공했다"며, "앞으로는 산업을 주도하거나 창출하는 회사가 돼야 한다"고 강조했다.

산업을 리드하기 위해서는 특정국가 기업으로서의 이미지를 벗어던지고 글로벌화를 한 단계 높이는 것도 주요한 과제. 산업계에서의 리더십을 발휘하기 위해서는 산업을 이끄는 세계 주요 CEO들의 네트워크에 적극적으로 들어가야 한다는 지적이 많다.

한 컨설팅 업체의 대표는 "삼성전자 CEO들이 국내 기업 중에서는 나은 편이지만 그래도 해외에서 활동하는 '글로벌 익스포저'가 부족하다. 해외 컨퍼런스에도 자료나 받아오라며 직원들을 보낸다. 앞서 나가려면 세계적인 인물들을 만나고 앞선 서적을 읽어야 하는데 국내 CEO들은 영어가 달리고 지식이 부족하다"라고 말했다.

외국인을 좀더 과감하게 기용해야 한다는 소리도 있다.

2002년 초 삼성전자는 외국인으로선 처음으로 데이비드 스틸을 본사 임원으로 발령한 정도다. 해외에서 인재를 유치하는 경우에도 교포 등 한국계 인재들에 주로 의존했다. 자연히 인재 풀이 제한될 수밖에 없다.

사업을 재구축하는 것도 쉽지 않은 과제다.

이건희 회장은 "안 되는 것을 끝까지 움켜쥐고 있는 것이 기업을 부실하게 만드는 악의 근원이 된다"고 말했다.

현재는 반도체, 정보통신, 디지털 미디어, 가전 등의 사업이 저마다 수익성을 확보하고 있다.

반도체에선 인텔, 휴대전화에선 노키아, 디지털 미디어와 가전에선 소니 등에 도전하고 있지만 모두 성공하리라고 장담할 순 없다.

일본 기업의 경우 뛰어난 기술력과 브랜드 가치에도 불구하고 사업 재구축 시기를 미룬 탓에 장기간 어려움을 겪고 있다는 평가를 받고 있다.

삼성전자는 각종 기기들이 융복합화되고 네트워크화되는 디지털 컨버전스를 대비하는 데 주력하고 있지만 그 성과도 아직은 시장에서 확인되지 않은 상태다.

삼성전자의 경쟁력에는 앞서 비전을 제시하고 과감하게 투자결정을 한 이 회장의 리더십이 크게 작용했다. 이 회장은 외국인 지분율이 절반이 넘고 오너 경영에 대한 부정적 시각이 많은 가운데서도 경영성과를 통해 비판론을 잠재웠다.

회장의 리더십이 기여한 바가 컸던 만큼 이 회장의 뒤를 이을 아들 이재용 상무보가 시장에서 경영자로서 검증받고 리더십을 확보하느냐 하는 점도 삼성의 핵심과제다.

삼성측은 이 상무보에 대해 "경영수업 중이고 장기간의 시간이 남아 있다"며, "이 동안 이 회장의 교육이 더 필요하다"고 말했다.

지난 1년 간 이 상무보는 100일가량을 해외현장을 누비면서 보냈다. 경영에 참여한 직후인 2001년 5월 삼성의 최오지 해외사업장 중 한 곳인 브라질 마나우스 공장을 방문한 것을 비롯, 말레이시아 살렘방 전자복합단지, 유럽과 러시아와 우크라이나 사업장, 인도네시아 전기공장 등을 둘러봤다. 2002년 2월에는 올림픽 마케팅의 현장인 솔트레이크 동계올림픽에 이 회장과 동행하고 멕시코 전자복합단지를 방문했다.

또 제프리 이멜트 GE 회장, 니시무로 다이조 도시바 회장 등 세계적 기업인은 물론, 주룽지 중국 총리, 자크 로게 IOC 위원장, 미래학자 앨빈 토플러 등 유력인사들과의 개별면담이나 면담 배석을 통해 글로벌 경영감각도 닦고 있다.

삼성측은 이 상무보가 이 회장으로부터 철저한 경영수업을 받고 있다면서 이학수 구조조정본부장, 윤종용 삼성전자 부회장, 진대제 사장, 황영기 사장 등 경영진으로부터도 미래기술 발전상, 전문금융지식 등 그룹 경영 전반에 대해 이야기를 들으며 이해의 폭을 넓히고 있다고 전했다.

삼성은 그 동안 우수인재 영입, 성과보상제도, 상시구조조정 등 선진 경영기법을 소화해왔다. 회사에 대한 충성심과 조직 및 업무 우선주의, 부서 간 협력 등 동양적 기업문화에도 의존해왔다.

그러나 서구의 기업문화가 확산되면서 충성심이 떨어지고 자신의 성과에만 집착해 조직력이 약화되는 현상도 나타나고 있다.

이 같은 문화의 충돌을 다스리고 '삼성만의 기업문화'를 창출하는 것도 쉽지 않은 일이다.

삼성전자는 한국기업으로서 한계도 안고 있다.

아무리 세계시장에서 높은 평가를 받아도 국가신용등급 이상의 신용등급을 받지는 못한다. 주가 역시 좋은 성과에도 불구하고 해외 경쟁업체들만 못하다.

최근처럼 정치적인 논란에 기업들이 자꾸 휘말리는 현상도 삼성의 경쟁력에는 마이너스 요인이다. 국내 경제에서 차지하는 비중이 높아짐에 따라 경제력 집중에 대한 비판적 시각도 부담요인이 된다.

삼성전자의 강점으로 당장 눈에 보이는 것은 절묘한 구조조정과 타이밍이다. 기업의 수명이 30년이라는 주기설을 믿는다면 삼성은 이미 1999년에 사라졌어야 할 회사다. 삼성은 1998년과 1999년에 걸쳐 종업원의 20%를 줄이는 대규모 구조조정을 소리없이 해치웠다. 지금 세계 IT 업체들이 난리법석을 치는 일을 3년 전에 한 것이다. 그 결과 이제 삼성은 넘쳐나는 돈을 주체 못하는, 새로 태어난 세 살짜리 초우량 종합전자 메이커가 됐다. 삼성의 사업구조는 반도체, 통신, 디지털 정보가전으로 황금분할돼 있다. 이러한 사업구조는 IT 경기변동에 대한 완충력 차원에서 여타 세계적인 단일 아이템 회사와 확실하게 차이가 난다. 최고경영자의 혜안과 경영전략도 돋보인다. 삼성의 경영모델은 일본식 정신과 미국식 실무가 결합된 한국의 독특한 모델이다. 삼성은 일류대학부터 지방대학까지를 망라해 한 번 잘 만들면 100년 간다는 콘크리트 같은 조직을 만들었다. 얼마 전까지만 해도 삼성전자 최고경영자들은 반도체 경기가 바닥을 치면 자리를 내놓아야 했다. 미국 반도체회사 CEO들은 불황속에서도 10~15년씩 자리를 지키며 다음 경기호황을 준비하는데 말이다. 그러나 삼성전자는 2001년 반도체 경기가 85년 만에 최악의 국면으로 치달았음에도 최고경영자를 바꾸지 않았고 금년에는 다시 사상최고치 이익을 기대하고 있다. 그만큼 성숙해지고 있다는 뜻이다. 기술 1등주의도 자기강화 작용을 하고 있다. 삼성은 값싼 가전제품에서 시작했지만 반도체에서 세계일류 품목을 만들어 내는 데 성공해 마침내 일류의 반열에 올라섰다.

삼성전자는 돈을 많이 번다. 회사가 점점 좋아지고 있기도 하다. 그러나 완벽하다고 말할 수는 없다. 나름대로 보완해야 할 약점도 있다. 삼성전자의 기술력은 세계적이지만 과연 독창적인 기술을 갖고 있는지는 짚어봐야 할 문제다. 전혀 존재하지 않았던 것을 만들어내는 기술을 개발했거나 새로운 개념의 상품을 제조해 경쟁력을 증명한 적은 없다. 원천기술 면에서는 아직 선진업체에 뒤진다는 뜻이다. 한 해 로열티로 2,000억 원 이상을 지급하고 있다는 게 이를 반증한다. 삼성전자는 최근 소니와 많이 비교되고 있지만 과연 소니를 추월할 수 있을지는 미지수다. 경영 시스템 측면에서도 탄탄한 조직력과 치밀성은 다른 기업이 따라가기 어렵다. 그러나 위험을 무릅쓰고 승부하는 적극성은 떨어지는 편이다. 잉여자금이 넘쳐나지만 장기적 관점에서 핵심역량을 가진 회사를 M&A(기업 인수합병)하는 것과 같은 적극성을 찾기는 어렵다. 지난 1990년대 중반 몇 번의 실패사례로 인한 몸사리기가 아직도 존재하고 있는 듯하다. 과거와 달라진 기업문화도 숙고해봐야 할 과제다.

삼성의 가장 큰 장점 중 하나는 직원들의 로열티(충성심)였다. 그러나 IMF와 구조조정을 거치면서 로열티가 상당히 엷어졌음을 부인할 수 없다. 삼성전자만의 문제는 아니지만 샐러리맨의 한계가 분명히 드러나고 있는 시점에서 조직원들을 다독여나갈 다양한 기법을 마련해야 한다. 그렇지만 삼성전자가 세계적 기업임은 부인할 수 없다. 삼성전자가 좀 더 내공을 쌓아 한국기업사에 새로운 역사를 써주길 진심으로 기대한다.

# SAMSUNG RISING

제 3 부

## 최고사령탑이 말하는 현재와 미래

삼성전자를 이끌고 있는 CEO들은 자신들이 몸담고 있는 회사에 대해 어떻게 평가하고 있을까. 오늘의 삼성전자를 일궈내는 데 결정적인 역할을 한 반도체와 새로운 캐시카우로 부상하고 있는 정보통신, 차세대 전략산업군으로 발돋움하는 디지털 미디어, 안정적인 수익기반을 받치고 있는 생활가전부문 등 4개 사업부문을 이끌고 있는 총괄사장들을 만나 삼성전자의 현재와 미래를 들어봤다.

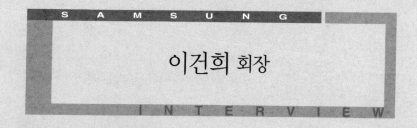

이건희 삼성 회장은 2002년 5월 15일 〈한국경제신문〉과 단독 인
터뷰를 갖고 "20세기가 경제전쟁 시대라면 21세기는 두뇌전쟁 시
대가 될 것"이라며, "삼성은 각 분야에서 우수한 인력을 국적에 상
관없이 확보해나갈 것"이라고 밝혔다.

지난 1995년 이후 국내외 신문 및 방송 중에서 처음으로 〈한국경
제신문〉과 인터뷰를 가진 이 회장은 "앞으로 국가나 기업 간 국제
경쟁은 결국 인적 자원의 질이 결정하게 될 것"이라며 이와 같이
말했다.

이 회장은 인터뷰에서 "국가경쟁력은 글로벌 1등 기업을 얼마나
많이 보유하고 있느냐에 달려 있다"며, "우리나라도 세계적 대기업
이 10여 개 정도만 나오면 지금과는 훨씬 다른 모습이 될 것"이라

"

21세기는 초경쟁(mega competition)이 전개되는
시대로 국가경쟁력은 글로벌 1등 기업을
얼마나 많이 보유하고 있느냐에 달려 있습니다.

"

고 강조했다.

이 회장은 또 "삼성이 지금은 10여 개의 세계 1등 제품을 갖고 있지만 산업구도가 달라지면 어떻게 될지 장담할 수 없다"고 지적하고, "그래서 앞으로 5~10년 뒤에는 뭘 먹고 살지를 고민하고 있으며 CEO들에게도 미래에 대한 준비를 요구하고 있다"고 밝혔다.

이 회장은 최근 삼성전자를 비롯한 계열사들이 좋은 실적을 내고 있는 배경에 대해 "IMF 경제위기 때 국민들이 모두 고생했지만 삼성도 착실한 구조조정을 통해 수익기반을 다졌다"며, "그런 노력이 이제 와서 성과를 보이고 있는 것"이라고 설명했다.

**삼성전자가 왜 강한지에 대해 여러 가지 요소들을 지적합니다. 회장님은 무엇 때문이라고 생각하십니까?**

"먼저 〈한국경제신문〉이 삼성전자를 분석하면서 보내주신 관심에 감사드립니다. 그 동안 삼성에 대해 칭찬을 많이 해주었지만, 사실 삼성이 진정한 일류기업이 되려면 아직 부족한 점이 많다고 생각합니다. 굳이 강점을 들어보라고 한다면 삼성전자는 부품사업과 디지털, 가전, 통신사업을 골고루 갖추고 있는 세계적으로 몇 안 되는 기업이라고 할 수 있는데, 이런 사업부문들이 서로 협력하고 지원하는 시스템 플레이가 잘되는 편입니다. 그러면서 외부변화에 신속하게 대응해 판단하고 행동해서 큰 흐름과 변화를 읽을 수 있는 경영자들이 있다는 것이 또 하나의 강점일 수 있을 겁니다. 그렇지만 제가 가장 중요하게 꼽고 있는 것은 임직원들의 자발적인 애사심과 헌신적인 노력, 그리고 자율적인 사고

방식입니다. 아마 이 점은 다른 기업들이 흉내내기 어려운 삼성만의 강점이 아닌가 싶습니다."

**'엔지니어 이건희 회장'이 있었기에 오늘의 삼성전자가 가능했다고 얘기하는데 대해 어떻게 생각하십니까?**

"삼성이 그나마 여기까지 오게 된 것은 기술력이 뒷받침돼 있기 때문이라고 봅니다. 지금은 내로라하는 세계 일류기업들이 기술개발도 같이하고 마케팅도 같이 하자고 하지만, 초기에만 해도 기술을 가르쳐주기는커녕 돈 주고도 기술을 사오기가 쉽지 않았습니다. 게다가 그 때만 해도 우리 경영자들은 기술자를 '쟁이'로 생각하고 하찮게 여기던 때였습니다. 그러자니 제가 나서서 일본이나 미국의 기술자들한테 고개 숙여가며 깍듯이 모시고 하나하나 배울 수밖에 없었습니다. 다행히 제 자신이 어려서부터 새로운 물건을 보면 뜯어보고 원리를 이해해야 직성이 풀리는 성격이어서 새로운 기술, 좋은 기술이 있다는 소리를 들으면 어떻게든 들여오려고 욕심을 많이 부렸습니다. 그래서 틈날 때마다 선진국에 가서 기술을 배워오고 기술자를 모셔다가 우리 기술자들한테 전수하게 하는 데 공을 많이 들였습니다. 또 한편으로는 우리 경영자들한테 기술을 중시해야 한다고 얘기하고 기술자들한테는 기술만 알아서는 안 된다, 경영을 알아야 한다고 하면서 기술경영의 개념을 심어주었습니다. 이렇게 10여 년 하니까 경영자부터 현장직원들까지 기술이 중요하다는 것을 알게 되고, 자발적으로 기술개발과 공정개선에 힘을 쏟으면서 이제는 일류급에 버금가는 기술력을 갖추게 된 것 같습니다."

회장님께서는 1993년에 '변해야 산다', '사회 인프라 확충', 1998년 '구조조정', 2001년 '강소국(强小國)'이란 말씀에 이어 2002년도에는 '미래에 대비하라'며 우리 경제가 어려운 상황을 맞이할 때마다 적절한 경영화두로 사회 전반에 경종을 울린 바 있습니다. 이런 이유로 주변에서 '나라 경제 걱정을 가장 많이 하시는 경영인'이라고들 얘기하는데 어떻게 생각하십니까?

"국가의 힘은 국방력도 중요하지만 이제는 경제력입니다. 21세기는 초경쟁(mega competition)이 전개되는 시대로 국가경쟁력은 글로벌 1등 기업을 얼마나 많이 보유하고 있느냐에 달려 있습니다. 따라서 우리나라가 선진국 대열에 하루빨리 합류하기 위해서는 세계수준의 경쟁력을 갖춘 기업이 지금보다 더 많이 나와야 할 것으로 봅니다. 제가 말씀드리는 것도 우리나라에 글로벌 1등 기업이 많이 나오게 하기 위해서는 어떠한 조건들이 필요하며, 어떻게 추진해나가야 할지 등에 관한 내용입니다. 삼성이 잘 되는 것도 중요하지만 우리 기업 모두가 1등 기업이 되자는 것입니다. 기업이 잘 되면 수출이 늘어나고 고용도 확대되는 등 국가경제가 활성화되어 국민 모두가 혜택을 받게 되는 상승효과가 있습니다.

예를 들어 노키아가 핀란드를 먹여 살리고 있듯이 우리나라도 세계적인 대기업이 10여 개 정도만 나오면 지금과는 훨씬 다른 모습이 될 것입니다. 이런 생각에서 '질 중시 신경영', '생존을 위한 구조조정', '강소국 벤치마킹', '미래를 대비한 준비경영' 등을 강조하면서 그 동안 임직원들에게 책임과 사명감을 갖자고 당부한 것입니다."

**프랑크푸르트 선언에서 '마누라만 빼고 다 바꿔'라고 하셨는데 지금 삼성의 모습은 만족할 만한 수준이라고 보십니까?**

"지난 IMF 경제위기 내내 국민들이나 기업들이 모두 고생을 많이 했는데, 삼성도 예외는 아니었습니다. 모두들 살아남기 위해서 열심히 노력했고, 삼성도 착실히 구조조정을 해서 실적도 좋아지고 수익기반도 탄탄해졌습니다. 21세기를 앞두고 세기말적 변화에 위기의식을 갖고 신경영을 추진하면서, 이대로 가다가는 삼성은 2류, 3류로 전락할 수밖에 없다는 절박한 심정으로 변화를 강조한 것이, 이제 와서 그 성과를 보이고 있는 게 아닌가 생각합니다. 그렇지만 인공위성을 발사하고 1단계, 2단계로 추진 엔진이 떨어져나가야 대기권을 넘어갈 수 있는 것처럼 삼성이 세계 일류가 되려면 다시 한 번 신경영 때와 같은 마음가짐으로 한단계 더 변해야 한다고 생각하고 있습니다."

**디지털 컨버전스 시대를 맞아 회장님께서 가장 역점을 두는 사안은 무엇입니까?**

"21세기는 과거 20세기 이전의 변화와는 비교가 안 될 정도로 엄청난 변화가 지속되고 있는데, 그 중 하나가 아날로그에서 디지털로 바뀌는 것입니다. 디지털 시대는 아날로그 시대와 달리 정치·경제·사회 면에서 모든 것이 뿌리부터 아주 빠르게 변할 것입니다. 특히 기업의 세계에서는 기술과 산업이 서로 융합하고 복합화되면서 전혀 다른 기술과 산업이 나타나고 있습니다. 이렇게 되면 지금 먹고 사는 기술, 산업만 가지고는 미래를 보장할 수 없게 됩니다. 삼성도 지금은 반도체, TFT-LCD, CDMA 등 10여 개의 세계 1등 제품을 갖고 있지만 산업구도가 달라지면 어떻게 될지 장담할 수가 없습니다. 그래서 몇 년 전부터 앞으로 5~10년 뒤에 뭘 먹고 살지를 계속 고민해왔고, 2001년부터는 그룹의 CEO들에게도 미래를 준비하자고 얘기하고 있습니다. 그리고 21세기는 무엇보다 지적 경쟁력이 중요한데, 지난 20세기가 경제전쟁이라면 21세기는 두뇌전쟁이 될 것입니다. 앞으로 국가나 기업 간의 국제경쟁은 결국 인적 자원의 질이 결정하게 될 것입니다. 따라서 미래 준비를 위해서 가장 필요한 것이 사람과 기술이라고 보고 연구개발, 마케팅 등 각 분야의 우수한 인력을 국적에 상관없이 확보해나가고 첨단기술을 개발하는 데 관심을 기울이고 있습니다."

**삼성의 반도체 의존도가 너무 높다는 지적도 있습니다. 삼성그룹, 삼성전자의 미래상을 어떻게 잡고 있습니까?**

"반도체가 국가경제에서 차지하는 비중이 크다 보니 삼성이라고 하면 반도체를 제일 먼저 떠올리게 되는 것 같은데요. 사실 삼성전자의 매출 규모를 보면 반도체 30%, 정보통신 30%, 디지털 미디어 30%, 생활가전 10% 정도의 비중으로 돼 있고 최근에는 통신분야의 성장이 두드러지고 있어서 반도체 비중은 더 낮아지게 될 것입니다. 그리고 삼성의 미래 모습에 대해서는 경영환경이 워낙 시시각각으로 변하고 있어서 앞을 내다보기가 쉽지는 않지만 사업구조나 경영구조에서 지금과는 상당히 다른 모습이 돼 있을 것입니다. 글로벌 시장에서 1등, 2등에 들어가지 못하는 회사나 사업은 문을 닫게 될 것이고 새로운 기술과 환경에 따라 새로 생겨나는 회사나 사업도 있을 것입니다. 또 세계 유수 기업들과 전략적 제휴를 맺는 글로벌 기업으로 발전해나가면서 고객과 국제사회에서 존경받는 그런 기업 이미지를 갖추고 있을 것으로 생각합니다."

**CEO를 선발할 때 가장 중점을 두는 사안은 무엇입니까?**

"CEO까지 오르는 데는 수많은 성공과 좌절을 겪게 됩니다. 이를 감안해보면 제대로 된 사장급 CEO 한 사람을 육성하기까지는 수백억 원 이상이 소요되고 기간도 30년 정도 걸립니다. 그만큼 CEO가 중요하기 때문인데 경영자는 적어도 '지·행·용·훈·평(知·行·用·訓·評)'의 다섯 가지는 기본적으로 갖춰야 한다고 생각합니다. 업(業)의 개념, 기반 기술, 필요한 인재와 같은 사업의 핵심역량을 잘 알아야 하고, 또 아는 데서 그치지 않고 아는 것을 솔선수범해서 행동으로 옮겨야 하며, 아랫사람에게 일을 제대로 시킬 줄 알아야 하고, 가르칠 줄 알아야 하며, 해놓은 일을 정확하게 평가할 줄 알아야 한다는 것입니다. 제 욕심인지는 몰라도 CEO라면 이 정도는 기본적으로 갖춘 상태에서 세계적인 흐름, 시대적인 흐름을 읽는 안목이 있어야 한다고 생각합니다."

**세간에는 삼성이 다른 어떤 기업보다 잘 훈련된 전문경영인을 많이 확보하고 있으며 이들의 재량권이나 전결권 폭이 넓어 효율적으로 성과를 거두고 있다고 합니다. 이는 회장님의 경영방식입니까?**

"'의인물용 용인물의(疑人勿用 用人勿疑)', 즉 미덥지 못하면 맡기지 말고, 썼으면 믿고 맡겨라 하는 얘기가 있습니다. 삼성의 CEO들은 능력 면이나 자질 면에서 선진기업의 어느 CEO보다도 낮다고 자부할 수 있습니다. 그래서 저는 미래 전략방향 등 경영의 큰 줄기를 제시하고 일상적인 경영은 전문성과 능력을 갖춘 각사 사장들이 자율적으로 하도록 하고 있습니다. 이들이 책임과 권한을 가지고 소신껏 경영을 할 수 있도록 뒷받침해주는 것이 회장의 몫이 아닌가 생각합니다."

**미래 삼성을 이끌어갈 핵심인력은 어떻게 육성할 계획이신가요?**

"기업의 경쟁력이나 가치는 그 기업에 우수한 인재가 얼마나 많고 적으냐로 결정된다고 생각합니다. 그러자면 어떤 사람이 핵심인력인지 그 자격과 조건을 임직원들에게 알려주고, 여기에 해당되는 핵심인력에 대해서는 인센티브를 주고 중요한 직책을 맡겨서 각자가 스스로 노력하는 분위기를 만드는 것이 중요하다고 봅니다.

이런 의미에서 삼성의 핵심인재는 다음 4가지 정도는 갖추어야 한다고 보고 있습니다. 첫째, 최고 수준의 기술이나 노하우, 전문지식을 보유하여 탁월한 경영성과를 창출해낼 수 있는 전문능력을 갖춘 사람. 둘째, 자기희생 정신과 동료애, 포용력을 가지고 협조해나가는 인간미와 청렴한 도덕성을 갖춘 사람. 셋째, 정확한 판단력과 결단력으로 리더십을 발휘해 목표를 달성하고 성과를 내는 사람. 그리고 마지막으로 삼성의 문화와 가치관을 수용할 수 있는 사람입니다."

**외국기업 중 가장 본받을 만한 기업은 어디인가요?**

"삼성이 과거에는 주로 일본기업들로부터 기술도 배우고 경영방식도 배웠지만, 지금처럼 경영환경이 급변하고 글로벌화된 상황에서는 어느 한 기업만을 벤치마킹하는 것은 의미가 없다고 봅니다. 따라서 요즘은 어느 기업에서 배운다기보다는, 여러 기업으로부터 그 기업이 가진 장점을 찾아 삼성에게 부족하거나 미흡한 점을 보완해나가고 있습니다."

**그 동안 삼성을 이끌어오면서 어려웠던 점은 어떤 것입니까? 또 어렵게 결단을 내렸던 때를 소개해주신다면?**

"지난 1993년에 신경영을 추진하면서 '새 집을 짓는 것보다 헌 집을 고치는 것이 훨씬 어렵다'는 것을 실감했습니다. 당시 세계 경제의 축이라는 로스앤젤레스, 프랑크푸르트, 도쿄 등지에서 밤새워가며 위기감과 변화의 필요성을 역설했지만 스스로 변해야 한다고 느끼게 하는 일이 쉽지가 않았습니다. 또 IMF를 맞아 이대로 가다간 망할지도 모른다는 절박한 상황에서 생존을 위한 구조조정을 진행하지 않을 순 없었지만 일자리를 잃은 사람들의 고통을 생각하면 아직도 마음이 아픕니다. 때문에 당시에도 임직원들에게 그룹의 어려운 상황을 최대한 잘 설명하도록 하고 인력 구조조정이 최후에 선택하는 마지막 수단이 돼야 한다고 강조했습니다."

**연봉제와 성과배분제도가 시행되면서 직원 간 위화감 조성 및 사기저하 등의 부작용이 있다는 지적에 대해 어떤 견해를 갖고 계신지요?**

"IMF 경제위기를 겪으면서 패러다임이 참 많이 바뀌었어요. 예전에는 고생을 해도 같이 하고 상을 받아도 같이 받는 것이 당연했는데 지금은 일 더 한 사람, 일 잘 한 사람이 급여도 더 많이 받고 인센티브도 받아야 하는 것이 일반화된 것 같습니다. 삼성의 연봉제도 처음에는 갈등이 좀 있었지만 곧 당연한 것으로 여기게 됐고, 지금은 오히려 나도 더 열심히 해서 더 많이 받아보자 하는 자극이 생겨난 것 같습니다. 또 이익을 낸 만큼 배분하는 성과배분제도를 2년째 운영하고 있는데 이것도 처음에는 똑같은 회사에서 누구만 더 주느냐 하는 상대적 불만이 있었다고 해요. 그런데 2001년부터는 분위기가 바뀌어서 이번에는 우리가 더 잘 해서 1등 해보자 하는 도전적인 분위기가 생겨나고 있다고 합니다. 이런 제도가 삼성 임직원들에게는 동기부여와 자기개발에 도움을 주는 것 같고 이렇게 계속하다 보면 기업 경쟁력은 물론, 개인 경쟁력도 높아질 것으로 생각됩니다."

**구조조정이 상시화된 이후 직원들의 회사에 대한 충성심 감소에 대한 대책은 있으신지요?**

"경영자는 기업을 자기 몸처럼 생각합니다. 그렇기 때문에 구조조정을 하는 데는 마치 생살을 도려내는 것과 같은 아픔이 따릅니다. 그럼에도 불구하고 시시각각으로 변화하는 외부 환경에 대응하고 경쟁력을 높이기 위해서는 계속 구조조정을 하지 않을 수 없습니다. 이런 과정에서 일부 경영자들은 직원들의 충성심이 많이 약해졌다고 걱정을 하던데 저는 이제 충성심의 개념이 달라졌다고 봐요. 과거에는 맹목적으로 회사에 충성을 하고 회사는 반대급부로 평생직장을 보장해주는 것이 일반적이었습니다. 그러나 지금은 이렇게 해서는 기업이 발전할 수 없고 개인들도 이런 것을 원하지 않습니다. 개개인은 자기 능력에 따라 자기 몫을 다하고 회사는 개개인이 각자의 능력을 충분히 발휘할 수 있도록 기회를 만들어주는 '윈-윈(win-win)'의 관계가 바람직하지 않은가 싶습니다. 회사는 직원들의 능력개발과 삶의 질 향상을 위해서 최선을 다하고 직원들은 회사의 발전을 위해 헌신한다면 충성심은 저절로 생겨날 것으로 봅니다."

**건강 문제를 걱정하는 사람들이 많은데요?**

"건강 문제로 주위 분들께 걱정을 끼쳐 드린 적이 있어선지 지금도 건강을 묻는 분들이 많습니다. 이처럼 염려해주시는 덕분인지 건강이 아주 좋습니다. 요새 몇 차례 장시간 회의를 했지만 아무 지장이 없는 걸 보면 예전보다 더 좋아진 것 같아요. 그래도 건강은 건강할 때 지켜야 한다는 생각에서 가벼운 조깅이나 산책을 규칙적으로 하고 있습니다. 또 시간 날 때마다 손주와 함께 놀아주고 있는데, 그 즐거움 때문인지 마음도 편안해지고 건강도 더 좋아지는 것 같습니다."

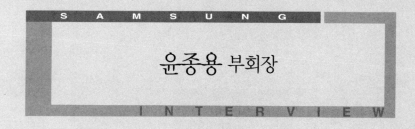

 윤종용 부회장은 2002년 1월 초 〈한국경제신문〉과의 인터뷰에서 "지난 몇 년 간 이룬 구조조정과 경영혁신의 성과는 IMF 때의 위기 의식 때문에 가능했다"며, "무엇보다 좋은 사람을 많이 뽑고 기른 것이 큰 힘이 됐다"고 말했다.

 그는 또 "조직 전체의 체질을 근본적으로 혁신하고 미래를 대비 한 사업구조를 강화하는 등 지난 2~3년 간 해온 구조조정 노력을 앞으로 3~4년 간 더 지속하면 선두기업군에 들어갈 수 있을 것"이 라고 내다봤다. 현재는 "삼성전자가 세계 종합전자 회사 가운데 2 위 그룹(Second Tier)에서 선두 그룹(Top Tier)으로 가는 중간단계 정도"라고 평가했다.

 그는 삼성전자의 대규모 이익실현과 관련 "캐시카우를 만들어 내는 것은 상품성만의 문제가 아니라 누가 선발로 어떤 기회를 잡

> 2001년 경쟁업체의 적자 속에서 삼성전자가 D램에서
> 이익을 낸 것은 D램 자체가 시장성과 채산성이
> 좋은 게 아니라 누가 더 잘했느냐는 차이입니다.

느냐의 차이"라며, "어떻게 부가가치를 만드느냐가 중요하다"고 강조했다. 또 "현재의 주력사업들에 나노, 휴먼공학, 전자 바이오칩 기술 등과 같은 미래 주력기술을 개발, 접목시켜 미래씨앗사업을 발굴 육성해나가겠다"고 밝혔다.

**삼성전자는 2001년에 어려움 속에서도 3조 원 가까운 이익을 올렸습니다. 어떻게 가능했습니까?**

"IMF 때 외국의 애널리스트들이 왜 문어발식 경영을 하느냐며 반도체를 제외한 가전, 디지털 미디어, 통신을 정리하라고 했습니다. 그 때 '당신은 1~2년을 바라보는 투자자지만 나는 5~10년 앞을 내다봐야 하는 경영자'라고 맞받아쳤던 기억이 납니다. 2001년엔 반도체가 어려웠지만 가전과 디지털 미디어에서 1조 원가량, 통신에서 1조 원가량을 각각 벌어줬습니다. 반도체가 못 버니까 다른 부문이 벌어주는 사업 포트폴리오의 위력이 발휘된 것입니다. 사업부문끼리 제품을 공급하는 내부시장이 형성되는 효과도 있었습니다. 2001년 하반기 혹독한 불황 속에서 이만한 실적을 낸 기업이 어디 있느냐며 놀라는 사람들이 많습니다."

**경영에서 가장 중점을 두는 사항은 무엇입니까?**

"미래에 대한 준비를 어떻게 할 것이냐는 겁니다. 기존에 세계 1등을 하고 있는 D램 등은 더욱 강하게 하고, 또 서너 개는 새로 세계 1등을 만들 계획입니다. 이와 함께 위기의식을 갖고 계속 체질을 개선 및 혁신해

가는 체제를 만드는 데 중점을 두겠습니다."

**새로 세계 1등에 올라갈 제품은 어느 것입니까?**

"디지털 TV와 차세대 휴대용 PC, 프린터 등 컴퓨터 주변기기가 되지 않을까 합니다."

**2002년 초 라스베이거스에서 열린 세계 최대 가전전시회 'CES 2002'에 휴대용 PC를 출시했지요?**

"미국에서 PDA폰인 '스마트폰'이 큰 인기를 얻었는데 그것보다 PC 기능이 강화된 것이 휴대용 PC '넥시오'입니다. 와이어리스(무선), 홈 네트워크, 모바일이 컨버전스되는 부분에서 확실히 기선을 잡아야 되겠다는 생각입니다. 삼성전자처럼 디지털 컨버전스에 적합한 회사를 찾기는 어렵습니다. 통신, 가전, 무선통신, 휴대전화 등을 고루 갖추고 있는 회사가 없습니다. 2002년에는 디지털 컨버전스의 과실을 거둘 수 있도록 적극적인 마케팅을 펼칠 계획입니다."

**디지털 컨버전스 얘기를 하셨는데 아직 시장이 본격적으로 열리지는 않은 것 같습니다. 여러 제품 중에 가장 수익에 기여할 만한 것은 뭘까요?**

"당장은 디지털 TV가 팔리기 시작했고 DVD 플레이어와 VTR 기능을 결합한 DVD콤보도 잘 나가고 있습니다. 그 다음에 아직 도입은 안 됐지만 휴대용 무선 PC가 뜰 겁니다. 또 집에서 TV, 오디오, 컴퓨터가 모두 연결된 홈 네트워크 시대가 틀림없이 올 것입니다. 지금은 전화선에

선 음성이, 케이블에서는 영상이 각각 나오지만 일본에선 전화와 데이터가 한꺼번에 홈서버로 들어오고 일괄조정할 수 있는 홈 네트워크가 구축되고 있습니다. 국내에서도 삼성이 도곡동에 짓고 있는 타워팰리스에서는 밖에서 무선전화기로 에어컨이나 전자레인지를 조종할 수 있도록 설치 중입니다. 모바일 네트워크는 PDA와 무선전화 등 여러 가지 이동기기를 네트워크화하는 겁니다. 이제는 통신, 케이블 TV, 위성 TV, PC 등이 모두 하나로 연결되는 시대입니다."

**그렇다면 D램과 휴대전화에 이어 큰 이익을 남겨줄 '캐시카우'를 꼽는다면 무엇입니까?**

"캐시카우가 따로 있다기보다는 전략에 따라 캐시카우가 결정된다고 봅니다. D램이나 휴대전화도 모든 업체들이 막대한 이익을 남긴 것은 아니잖습니까. 어떻게 기회를 선점하고 어떻게 부가가치를 만드느냐 하는 전략이 중요합니다. 예를 들어 어떤 거래처가 경쟁업체와 비교하면서 제품 값을 20~30% 깎아달라고 한다면 저는 그런 거래처와는 거래를 끊으라고 지시합니다. 경쟁업체가 30% 싸게 치고 들어와서 영업을 못 하겠다는 해외주재원이 있으면 주재할 필요가 없다고 불러들입니다. 시장에서 소니와 산요 제품의 가격 차이가 30%나 납니다. 그런 전략으로 하라는 겁니다. 또 이동통신회사에 휴대전화를 공급하면 우리는 공동브랜드로라도 우리 브랜드를 꼭 붙입니다."

**또 다른 전략이 있다면 소개해주시죠.**

"반도체는 몇 가지 시장선점 전략을 정해놓고 시장을 장악해왔습니다. 예를 들어 제품개발과 공정개발에서 일본 업체보다는 반드시 3~6개월을, 국내 경쟁업체에 비해서는 6개월 앞서간다는 전략을 정해놓고 3~4년 동안 계속 지켜왔습니다. 2001년 일본과의 격차가 1년으로 벌어지면서 일본 업체들이 완전히 손을 들었습니다."

**체질 강화작업을 위해 구조조정 기조를 계속 유지할 것인지요?**

"구조조정은 꼭 사람을 줄이는 것만이 아닙니다. 경영을 하다 보면 불요불급한 자산이나 수익이 안 나는 사업이 생길 수 있습니다. 과다채무와 부실채권의 발생도 불가피합니다. 이런 것들이 쌓이지 않도록 항상 구조조정을 해야 한다고 생각합니다. 삼성전자가 경기가 어려울 때도 양호한 실적을 낼 수 있는 것은 재고와 채권을 적게 유지한 덕이 큽니다. 재고나 채권을 줄이는 것이 무슨 큰 도움이 될까 하는 의문을 갖겠지만 실제로 해보면 엄청난 효과가 있습니다. 반도체나 통신업체들이 어려움을 겪은 것도 재고를 많이 갖고 있다가 가격이 내려갔기 때문이 아닙니까?"

**그런 업체들은 시장흐름을 잘못 읽어서 그런 것은 아닌가요?**

"단순히 경기에 따라 재고를 조절하는 것이 아닙니다. 발주에서 구매, 생산, 물류까지 걸리는 리드타임을 최소화하면 재고가 적더라도 경기가 좋아질 때 빨리 제품을 출하할 수 있습니다. 이 시간이 길면 재고가 많아야 하고 비용이 엄청나게 들어갑니다. 구매에서부터 물류까지 두 달이 걸리는 것과 한 달이 걸리는 것은 몇십 %의 차이가 있습니다. 무서운 차이입니다."

**삼성전자의 경쟁상대는 어느 회사입니까?**

"삼성전자 자신입니다. 소니, 델, IBM 등 대부분 업체들이 경쟁상대이면서 협조적인 관계를 유지하고 있습니다. 어느 회사가 경쟁상대라고 이야기하면 아주 곤혹스러워집니다. 더구나 삼성전자처럼 디지털 컨버전스가 이뤄진 회사를 찾기가 어렵습니다. 통신, 가전, 무선통신, 휴대전화 등을 고루 갖추고 있는 어느 업체와도 비교할 수 없습니다. 컨버전스 시대니까 무선통신을 포함한 통신을 갖고 있어야 하고 오디오, 비디오 등 가전제품도 전부 갖고 있어야 네트워크가 가능합니다. 세계에서 네트워크에 필요한 제품을 다 갖고 있는 곳은 삼성뿐이라는 거죠. 소니, 도시바는 통신이 없고 미국의 루슨트는 통신기기가 있지만 휴대전화가 없습니다. 모토로라는 가전 AV나 PC가 없고 필립스는 휴대전화 사업은 하지만 통신부문이 약합니다. 지금은 디지털 컨버전스를 제일 많이 한 것이 눈에 보이지만 한 4~5년 동안 설득하느라고 고생을 많이 했습니다."

**그런 업체들과의 협력은 어떤 형태로 이뤄지고 있습니까?**

"소니, 델, IBM, 필립스가 다 경쟁사지만 서로 친하고 협조적입니다. 소니하고도 경영진 간 교류회를 합니다. 1년에 두 번씩 양국을 오가면서 이데이 회장과 안도 사장도 나오고 삼성에서는 나와 사장단이 갑니다.

도시바나 NEC, 샤프와도 톱 교류회가 있습니다. 마이크로소프트하고도 윈도 CE 등에서 협조를 잘 하고 있고 AOL과는 전략적 제휴도 맺었습니다. 인텔하고는 칩셋을 쓰니까 상당히 가깝습니다. 델, 컴팩, IBM, 선 마이크로시스템즈는 우리 메모리를 40~50%, 많으면 60~70%를 씁니다. 또 LCD 모니터, HDTV, 광디스크 드라이브를 쓰는 아주 큰 바이어들입니다. 소니도 플레이스테이션에 램버스 D램을 씁니다. 같은 비즈니스 모델을 갖고 있는 경쟁업체가 없다는 얘깁니다."

**설비투자에 대해선 어떤 생각을 갖고 계십니까?**

"반도체, LCD, 휴대전화 등이 주요 대상이 될 겁니다. 반도체는 투자가 꽤 됐고 세계적으로 설비용량이 남아도는데 무리할 필요가 있느냐고 해서 줄였습니다. 계획한 대로만 하지는 않고 분기별로 보고 줄일 것은 줄이고 시황변화에 따라 수시로 바꿉니다."

**300mm 웨이퍼 본격 양산은 언제쯤으로 잡고 있습니까?**

"파일럿 라인에서 이미 일부 시(試)양산을 시작했습니다. 본격 양산은 언제든지 할 수 있는데 시황이 안 좋아서 미루고 있습니다. 꼭 미리 하는 게 좋은 것은 아닙니다. 웨이퍼가 크면 수율이 나쁠 수가 있기 때문에 12인치와 8인치의 경제성을 비교해 언제 할 것인지를 판단해야 합니다."

**2001년 LCD 40인치가 개발됐는데 LCD와 PDP 간 역할분담은 있습니까?**

"40인치 이상 대형 쪽은 PDP가 해야 할 것 같고 그 밑은 LCD가 유리할 것 같습니다. LCD는 40인치까지 생각도 못했는데 꾸준하게 기술개발이 돼 40인치까지 올라갈 수 있었습니다. PDP는 LCD보다 시작이 상당히 늦습니다. 계속 기술개발이 되면 어찌될지 모르지만 대형 쪽은 PDP, 소형 쪽은 LCD로 봐야 합니다."

**디지털 컨버전스 제품은 이제 시장형성 단계입니다. D램이나 휴대전화처럼 수익이 많이 나지 않는다고 하는데 그 뒤를 이을 캐시카우를 꼽는다면 무엇입니까?**

"예를 들면 언론계에서 돈이 왕창 남을 수 있는 사업이 있겠습니까. 만일 있으면 서로 달려들 겁니다. 누가 선발로 어떤 기회를 잡느냐의 차이입니다. 단지 상품성만의 문제는 아니라고 생각합니다. 나이키가 부산에서 선박인도가격(FOB) 10달러로 사서 100달러, 200달러 받지만 국내 기업은 똑같은 과정을 거치더라도 20달러 이상 못 받습니다. 어떻게 부가가치를 만드느냐가 중요합니다. 핸드전화나 메모리도 사업성이 있어서 돈을 번 게 아닙니다. 2001년 경쟁업체의 적자 속에서 삼성전자가 D램에서 이익을 낸 것은 D램 자체가 시장성과 채산성이 좋은 게 아니라 누가 더 잘 했느냐는 차이입니다. 휴대전화에서 에릭슨은 엄청난 적자로 사업을 접으려고 했는데 우리는 1조 원 이상 벌었습니다. 문제는 전략입니다."

**외국의 유력 전자업체들은 대부분 미래유망사업이라는 바이오 사업에 투자하고 있습니다. 삼성전자는 바이오 사업에 관심이 없습니까?**

"바이오 의학이나 생화학 계통의 순수한 바이오는 전자회사가 할 일이 아닙니다. 우리는 바이오칩 등 전자와 관련된 바이오 사업은 하려고 합니다. 지금 당장 사업을 벌이지는 않겠지만 미래를 대비해 연구팀이 구성돼 연구하고 있습니다."

**반도체 장비업에 진출한다는 소문이 있었습니다.**

"반도체에는 설비가 중요한 역할을 차지합니다. 주요 설비를 대부분 외국에서 수입하고 있는데, 똑같은 기계를 같은 가격에 사다 하면 경쟁력이 생기지 않습니다. 중소업체들은 아직 수준이 낮고 핵심설비 개발에 투자할 여력이 없습니다. 그래서 핵심설비에 대한 기술을 자체적으로 확보하고 이 기술을 장비업체에 전수하거나 외주를 줄 계획입니다. 반도체 사업하기도 바쁜데 장비업을 직접 하지는 않겠습니다. 본업 이외에는 생각하지 않고 있습니다."

**삼성전자가 강한 요인은 무엇이라고 보십니까?**

"경쟁력의 원천을 한 마디로 말하기는 어렵지만, 굳이 얘기하라면 '위기의식과 지속적인 경영혁신의 추진', '불황 속에서도 과감한 R&D 투자를 통한 핵심 원천기술 보유', '우수한 인재의 확보와 양성'이라고 말씀 드리고 싶습니다. 지난 1993년 회장께서 신경영을 선언하면서 등줄기에 식은 땀이 날 정도의 위기를 느낀다고 했는데, 당시 이를 제대로 이해하지 못하고 있다가 IMF를 겪으면서 위기가 무엇인지를 조직 전체가 공감할 수 있었습니다. 지난 몇 년 간 이룬 구조조정과 경영혁신의 성과도 결국 이러한 위기의식이 바탕이 되어 가능했다고 생각합니다. 그리고 무엇보다 '좋은 사람을 많이 뽑고 기른 것'이 큰 힘이 되고 있습니다. 과거부터 삼성그룹은 인재를 중시하여 좋은 사람을 많이 뽑았고, 교육도 많이 시키는 등 인력관리에 적극적인 노력을 기울여왔습니다. 한 사람의 인재가 수천, 수만의 사람을 먹여살리는 시대를 맞아 특히 천재급, 슈퍼급 인력을 적극적으로 뽑고 있어 삼성전자에는 박사급 인력만 이미 1,500명이 넘고 있습니다. 아울러 이들이 조직 내에서 뿌리를 내리고 성장할 수 있는 풍토를 조성하고 우수인력을 더 많이 보강한 것이 조직 전체에 새로운 바람도 일으키고, 긴장감도 줄 수 있는 등 조직관리의 역동성에도 크게 기여했다고 생각합니다."

**세계 전체로 볼 때, 삼성전자의 경쟁력은 어느 수준이라고 생각하십니까?**

"과거에 비하면 많이 향상된 것은 확실하지만, 아직도 부족한 점이 많습니다. 전반적으로 보면 세계 종합전자 회사 가운데 2위 그룹(Second Tier)에서 선두 그룹(Top Tier)으로 가는 중간단계 정도라고 생각됩니다. 조직 전체의 체질을 근본적으로 혁신하고 미래를 대비한 사업구조 강화 등 지난 2~3년 간 해온 구조조정 노력을 앞으로 3~4년 간 더 지속하면 선두 그룹에 들어갈 수 있을 것으로 보고 있습니다. D램, 휴대전화, 모니터, LCD 등이 1위 사업군이지만 다른 분야는 아직 노력해야 할 부분이 많습니다. 그리고 마케팅 분야는 아직 부족한 점이 많습니다. 과거에 좋은 제품을 만들고도 제값을 못받는 경우가 많았는데 이는 마케팅 분야의 질이 약한 것이 원인이었습니다. 따라서 이 분야의 혁신 노력을 강화하고 있습니다."

**삼성전자가 5~10년 후 먹고 살 종목은 어떤 것이 있습니까?**

"컨버전스, 네트워크 시대가 도래하여 단품만으로는 다양한 고객의 니즈(needs, 수요)에 대응하는 데 한계가 있고, 또한 하드웨어에서 서비스, 솔루션으로 부가가치가 이전되고 있는 추세입니다. 삼성전자는 메모리, LCD, 휴대전화, 디지털 TV 등으로의 1위군 사업을 확대하고, 홈 네트워크, 모바일 네트워크, 오피스 네트워크, 핵심부품의 4대 전략사업을 강화하면서 이의 연장선에서 10년을 내다보는 씨앗 사업을 발굴해나갈 것입니다. 미래가 예측하기 어렵게 급변하는 시대에서, 10년 뒤 삼성전자의 주력사업을 명확히 말씀 드리기는 어렵지만 현재의 반도체, 통신, 디지털, 가전 기술기반을 나노, 휴먼공학, 전자 바이오칩 기술 등과 같은 미래 주력기술을 개발, 접목시켜 시너지를 낼 수 있는 분야로 10년 뒤 간판사업이 될 씨앗사업을 발굴 육성해나갈 것입니다."

# 이윤우 반도체 총괄사장

이윤우 반도체 부문 총괄사장은 이건희 회장을 보좌하며 삼성의 반도체 중흥기를 만든 일등공신이다.

2002년 5월 이 사장은 〈한국경제신문〉과의 인터뷰에서 "앞으로 삼성전자의 반도체 사업은 메모리 의존도를 낮추고 시스템 LSI(비메모리 반도체)와 TFT-LCD 등 3개 분야가 균형된 매출 및 이익구조를 갖춘 사업구조로 발전할 것"이라고 말했다.

특히 시스템 LSI 분야는 이익률이 20~60%에 이르는 고수익 사업인데다 기존 D램 생산 라인을 활용할 수 있어 반도체 사업의 안정성을 높일 수 있는 장점을 갖고 있다고 설명했다.

TFT-LCD 분야는 5세대 라인 등에 대한 지속적인 투자를 통해 세계시장 1위의 위치를 유지하는 한편, 일본과 대만 등 후발업체와의

삼성전자의 CEO는 이러한 변화를 주도하는 적극성과

대규모 전략적 투자를 집행해내는 결단력,

그리고 인재를 육성하는 선견지명이 있어야 합니다.”

격차를 더욱 벌려놓을 계획이다. 이 사장은 "삼성전자는 단순한 제품 생산능력뿐만 아니라 기업운영과 조직관리, 마케팅 등에서 세계적 수준에 도달했다"고 말했다.

**삼성전자가 세계적 기업으로 올라설 수 있었던 가장 중요한 요인은 무엇이라고 생각하십니까?**

"2001년의 혹독한 IT 업계 불황은 삼성전자의 강점을 가장 극적으로 보여준 계기였습니다. 2000년에 사상 최대의 실적을 올렸을 때만 하더라도 D램 호황 덕분이라는 지적이 많았죠. 하지만 2001년에는 일본 10대 전자업체들이 2조 엔에 달하는 적자를 내는 최악의 상황에서도 삼성전자는 대규모 이익을 실현했습니다. 원인은 복합적입니다만 한 마디로 기본이 튼튼하다고나 할까요. 단적인 예로 D램의 경우 주요시장은 IBM, HP, 컴팩, 델 등 세계 최고 수준의 기업들입니다. 원가와 품질에서 일류가 되지 않고서는 이런 기업들과 거래할 수 없습니다. 그만큼 각 사업별 경쟁력은 물론 기업운영, 조직체계 등 모든 면에서 세계적인 수준에 도달했다고 볼 수 있습니다."

**이건희 회장의 리더십은 무엇이며 어느 때 느끼게 됩니까?**

"삼성전자가 세계적 기업으로 올라선 요인은 사업의 선택과 집중, 이건희 회장의 전략적 의사결정, 철저한 1등 전략 등 3가지 정도로 꼽을 수 있습니다. 이 중 이 회장의 리더십은 삼성전자를 세계적 기업으로 끌어올리는 중요한 역할을 했습니다. 그 단적인 예는 1983년 D램 2라인

건설 당시 6인치 웨이퍼를 선택한 데서 찾을 수 있습니다. 당시 대부분의 반도체 업체가 5인치 웨이퍼를 사용하고 있었으며 6인치 웨이퍼는 일부 업체가 시험생산을 통해 테스트 중이었습니다. 한번도 검증되지 않아 상당한 위험부담을 떠안을 수밖에 없었습니다만 이 회장은 영원히 후발로 뒤쫓아갈 수 없다는 판단으로 6인치 웨이퍼를 선택했죠. 이 결과 생산성이 1.4배 증가했고 후발주자의 핸디캡을 극복하는 계기가 됐습니다. 일본 업체를 추격하는 결정적 계기가 마련된 것이죠. 1988년 4메가D램을 개발할 때도 마찬가지였습니다. 당시 D램 생산공정을 놓고 밑으로 파는 트렌치(trench) 방식과 위로 쌓아 올리는 스택(Stack) 방식을 놓고 선진업체들이 논쟁 중이었습니다. 어느 것이 뛰어나다고 검증되지 않은 상황에서 삼성전자는 이 회장의 주도로 스택 방식으로 추진할 것을 결정했습니다. 이는 메모리 분야 세계 1위에 올라서는 결정적 계기가 됐습니다. 1메가D램 세계 1위 업체인 도시바는 트렌치 방식을 채택해 결과적으로 4메가D램부터는 뒤처지기 시작했습니다. 1995년 반도체 대호황 이후 반도체 부문의 화두는 경쟁력과 차별화였습니다. 불황을 견딜 차별점을 찾아내야 한다는 것이 이건희 회장의 주문이었고, 이 때부터 고부가가치 제품의 개발에 주력했습니다. 그 결과 삼성은 램버스 D램, DDR D램 등 고수익 제품 위주의 제품편성을 달성했습니다. 2001년 반도체 최악의 불황에서 대부분의 반도체 회사가 적자를 경험하는 시기에 삼성은 유일한 흑자를 기록했습니다.

**디지털 컨버전스에 어떻게 준비하고 계십니까?**

"삼성전자 내에서 반도체 부문(내부적으로 디바이스 솔루션 네트워크 총괄이라고 표현한다)은 디지털 컨버전스의 핵심역할을 하고 있습니다. 세트 기기 간의 통합도 중요하지만 그 원천은 핵심부품의 융합에서 비롯된다고 볼 수 있습니다. 이를 위해 핵심 기술의 확보가 중요하고 어플리케이션 간의 세밀한 차이를 지원할 인력의 육성에 집중하고 있습니다. 따라서 반도체 부문은 다른 사업부문과의 협력이 가장 유기적으로 이뤄지고 있습니다. 반도체와 LCD 제품이 세트 기기의 기본적인 소자이기 때문에, 사업부 간 협력은 사업의 필수적인 부분이기도 하며 디지털 미디어, 정보통신, 생활가전 총괄의 전략 전개에 있어서도 반도체 부문은 든든한 기반을 제공하고 있습니다. 반도체 부문은 사업 초기부터 제품 개발, 생산, 프로모션 등 전분야에 걸쳐 이러한 협력을 시스템화하고 있습니다."

**반도체 부문을 세계 1위 기업과 비교하면 어떻습니까? 어떻게 따라잡거나 격차를 벌일 생각이신가요?**

"내부적으로는 메모리, 시스템 LSI, TFT-LCD 등 3개 영역의 고른 발전을 목표로 하고 있습니다. 사업이 성숙된 메모리와 TFT-LCD 사업은 격차를 벌이는 일에 집중하고 시스템 LSI 부문은 현재 부족한 시스템 기술을 확보해 메모리 반도체와 어깨를 나란히 할 수 있도록 집중 육성할 것입니다. 이미 1위에 근접하고 있는 LDI(LCD 구동 칩) 제품을 비롯해 다른 전략 제품군에서도 조만간 세계 1위의 제품이 탄생할 것으로 기대합니다. 메모리 반도체 부문에서는 근 10년 간 1위를 유지하고 있지만 비메모리 반도체를 포함한 전체 영역에서는 현재 4위를 유지하고 있습니다. 메모리 반도체와 TFT-LCD 분야에서는 기술력 차별화와 고부가가치 제품을 중심으로 한 전략을 통해 1위를 유지하고 시스템 LSI 분야에서는 삼성전자 내 시너지를 창출시킬 수 있는 분야의 협력을 통해 1위 제품을 확산해나갈 계획입니다. 특히 디지털 융복합화 시대에서는 핵심기술과 디바이스(부품)의 공급능력이 절대적으로 중요합니다. 시스템 온 칩이 해답이 될 수 있습니다. 시스템 기술이 강해져야 합니다. 10년 뒤 인텔을 능가하는 업체가 돼야 합니다. 멤스(mems), 나노, 바이오 등 신사업 분야에도 연구개발과 투자가 이뤄지고 있습니다."

**CEO는 어떤 자질과 덕목을 갖춰야 한다고 생각하십니까?**

"모든 산업은 필연적으로 과잉과 경쟁이라는 단계를 거치면서 새로운 시장을 창출해왔습니다. 브랜드 이미지가 낮고 내부 핵심역량이 미비한 조직은 도태될 수밖에 없습니다. 기존 시장을 차지하는 것도 중요하지만 새로운 시장을 창출하는 능력은 더욱 중요합니다. 예를 들어 아시아를 하나의 새로운 시장으로 재창출하고 공급하는 것이 중요한 과제입니다. 삼성전자의 CEO는 이러한 변화를 주도하는 적극성과 대규모 전략적 투자를 집행해내는 결단력, 그리고 인재를 육성하는 선견지명이 있어야 합니다."

# 진대제 디지털 미디어 총괄사장

진대제 디지털 미디어 총괄사장은 "LCD 모니터, 유기 EL, PDP 등 디스플레이 분야의 세계 1위 경쟁력을 더욱 강화할 것"이라고 강조하는 한편 "PC 분야도 노트북을 중심으로 세계 5위권에 진입시킬 것"이라며 새로운 목표를 제시했다.

진 사장은 삼성의 간판스타로 꼽히는 대표적인 전문경영인. 메모리와 비메모리 반도체를 거쳐 삼성의 미래전략사업 중 하나인 디지털 가전을 맡고 있다.

진 사장은 "삼성전자는 앞으로 제조중심에서 세계적인 브랜드 가치를 가진 소비자 중심의 마케팅 기업으로 거듭날 것"이라며, "이를 위해 창의력과 기획력, 콘텐츠, 서비스 역량 확보에 최선을 다할 것"이라고 말했다.

## 디지털 시대에서는

제조 중심이 아닌 마케팅과 브랜드 중심의 기업이어야 합니다.

**삼성전자의 현재 모습을 객관적으로 어떻게 정의할 수 있습니까? 또 향후 지향해야 할 기업목표는 무엇이어야 한다고 보십니까?**

"지금까지 삼성전자는 '빠른 모방자(fast follower)' 였습니다. D램은 삼성이 발명하지는 않았지만 가격과 품질경쟁력을 기반으로 세계 1위에 올라섰습니다. 컬러 TV와 모니터도 마찬가집니다. 이것만 가지고는 진정한 일류기업이라고 할 수 없습니다. 디지털 시대에서는 제조 중심이 아닌 마케팅과 브랜드 중심의 기업이어야 합니다. 삼성의 각 사업분야가 가진 기술력을 기반으로 디지털 컨버전스를 이뤄내 다양한 제품군을 쏟아낼 것입니다. 디스플레이 분야에서 LCD와 유기EL, PDP 등의 제품으로 산업을 리드할 수 있을 것으로 자신합니다.

**삼성전자의 강점 중 하나로 이건희 회장의 리더십과 선견력(先見力)을 많이 얘기합니다. 구체적으로 이런 점을 느낀 사례가 있으면 들려주시죠.**

"삼성전자가 다른 기업과 차별되는 요소는 휴먼 캐피털(인적 자본)에 대한 투자, 최고경영층의 결단, 미래지향적 기업문화 등을 꼽을 수 있습니다. 삼성전자가 세계적 기업으로 성장하게 된 계기는 지난 1993년 신경영 선언으로 거슬러올라갑니다. 신경영은 의식혁명이었다고 말할 수 있죠. 그 때까지는 후발업체의 한계에서 벗어나지 못하고 삼류의식, 복지부동, 패배주의 등이 내면에 흐르고 있었습니다. 신경영의 일류화주창, 변화 요구 등은 이러한 의식을 과감히 깨뜨리는 계기가 되었습니다. 그런 면에서 볼 때 지금의 삼성은 그 때의 삼성과는 전혀 다른 '의식'으로 전환되었습니다. 어디에서나 1등과 최고를 이야기하고, 어느 곳에서도 당당하게 어깨를 내밀 수 있다는 자신감이 생기게 됐습니다. 신경영에서부터 이어온 성과라고 볼 수 있습니다. 신경영 선언 이후 삼성의 경영 문화에는 이건희 회장의 사상이 일관성 있게 흐르고 있습니다. 자율 경영 여건을 최대한 제공하면서도 정말 중요한 순간에 맥을 찾아 짚어주는 회장의 선견력, 판단력 때문이라고 보여집니다. 대표적으로 지난 1997년 초 삼성이 구조조정을 시작한 사례를 들 수 있습니다. 당시 일부에서 위기설이 제기되기는 했지만 그 해 말 IMF 위기까지 갈 것으로 보는 견해는 없었습니다. 삼성은 1997년 초에 구조조정 태스크포스팀을 만들어 몇 개월에 걸쳐 원가절감, 부진사업 퇴출, 아웃소싱 확대 등 구체적인 계획을 만들었습니다. 그 해 추석을 전후해 보고를 했고 이를 실행하려는 시기에 IMF 사태가 터졌습니다. 이로 인해 삼성은 국내 어떤 회사보다도 효율적이고 부작용 없이 IMF 위기를 넘길 수 있었고 그 효과가 최근 실적까지 연결되고 있습니다. 당시 구조조정은 회장의 예견력과 적절한 지시와 추진의지가 있었기에 가능한 일이었습니다. 물론 적지 않은 희생이 있었지만 IMF 위기가 삼성에게는 오히려 더욱 크게 도약하는 계기가 되었습니다."

**삼성전자가 소니에 견줄 만큼 성장한 것은 사실이지만 아직 미흡한 부분도 있을 텐데요. 삼성전자의 약점에 대해서도 해결방안과 함께 얘기해주시죠.**

"현재 삼성은 완제품(set) 부분에 있어서의 제품개발력, 제조역량, 경영 스피드 측면에서는 상위 수준에 와 있다고 판단됩니다. 그러나 디지털화에 따른 산업과 경쟁 패러다임의 변화, 중국의 급부상 등으로 인해 성공을 위해 요구되는 요소도 다양해지고 있습니다. 앞으로 필요한 것은 기술력과 마케팅력을 기반으로 고객으로부터 최고로 인정받을 수 있는 시장위상을 확보하는 것입니다. 고객의 욕구를 정확히 판단하고 이를 바탕으로 새로운 사업 모델을 찾아낼 수 있는 창의력, 기획력, 사업화 능력, 그리고 세트 메이커(set maker)로서 부족한 콘텐츠, 서비스 역량 확보를 위한 제휴능력 등이 갖추어져야 할 것으로 보입니다. 이 부분은 선진업체와 비교해 아직 부족한 점이 많습니다. 신경영 이후 가장 많은 투자와 노력을 해온 부분이 브랜드력, 기술력 분야이고, 최근 브랜드 인지도 상승, DVD(디지털 다기능 디스크), PC 등 특허 포지션 강화 등 가시적 성과가 도출되고는 있으나 소니, HP 등 미·일 선진업체와 격차를 완전히 극복했다고는 볼 수 없습니다. 이를 보완하기 위해 우선 시장에 충격을 줄 정도의 획기적으로 차별화된 제품을 만들자는 취지로 '와우 프로덕트 제도'를 시행하고 있습니다. 제품 단위별로 매년 1개 이상의 혁신제품을 개발하여 기술력을 확보하고 시장 위상을 개선할 예정입니다. 몇 년 전부터 추진하고 있는 스포츠 마케팅 등 마케팅 투자를 더욱 강화하고 시장 감지력(sensing) 확충, 마케팅 프로세스 개선 등의 내부 노력을 확대함으로써 브랜드 이미지를 개선하고 우수인력 확보, 과감한 기술매입 및 기술보유 업체와의 제휴 등을 통해 기술력 측면에서 강점을 부각시키기 위한 노력을 지속할 것입니다. 또 인적 경쟁력 확보를 위해 우수인력을 지속적으로 충원하고 있고, 경영혁신 조직을 만들어 경영 프로세스를 개선하고 업무의 시스템화를 추진하여 일하는 방법을 근본적으로 개선해나가고 있습니다. 새로운 디지털 경영환경에 대응하기 위해 DCT(digital convergence team) 등 신규사업 발굴 및 사업화를 위한 조직을 만들었습니다."

**삼성전자는 각 계열회사 또는 사업부별 목표가 있는데다 사업을 추진하다 보면 부서별로 업무가 중복되는 등 내부적으로 갈등 부분도 있을 텐데 이러한 부분은 어떻게 해결하고 있습니까?**

"삼성전자가 다른 IT 기업과 구별될 수 있는 가장 중요한 차이는 다양한 사업군을 확보하고 있다는 점입니다. 반도체와 통신, 생활가전, PC 등 다양한 사업군을 갖추고 있어 경기 사이클의 변동에 따른 위험을 최소화할 수 있습니다. 과거에는 한두 개 업종의 전문성이 강조됐지만 지금은 모든 각 분야별 복합화가 추세입니다. 사업 간 경계도 무너지고 있습니다. 사업단위별 일부 중복되는 사업분야가 있고 이로 인해 작은 갈등이 있는 것도 사실입니다. 그러나 이런 현상은 모두 신규사업 분야에서 나타나는 것이고 신규사업에 필요한 역량을 빨리 확보해야 한다는 점에서 보면, 선의의 경쟁상태가 됨으로써 오히려 득이 많다고 생각됩니다. 단지 작은 갈등이라도 사업이 본격 성장하기 전까지는 조정이 되어야 하고 잘못하면 자원의 분산 현상이 나타날 수도 있으므로 총괄 단위, 전사 단위 또는 그룹 차원의 조정을 수시로 하고 있습니다. 관계사 간 유기적 협조가 가장 필요한 디지털 TV의 경우, 관계사가 참여하는 'DTV 일류화 추진위원회'를 매달 열고 있습니다. 디지털 미디어 총괄에서도 PDA 사업을 위한 사업부 간 협력조직인 PIC팀을 운영했었고, 홈시어터 사업을 위한 추진팀도 구성할 계획입니다."

각 부문은 향후 5년과 10년 뒤에 어떤 모습으로 변해 있을까요? 또 5년 후 사업부 문별 비중을 각각 어떻게 예상하고 있습니까? 그 같은 변화를 위해서 현재 구체적 으로 추진하고 있는 사항은 어떤 것인지요?

"디지털 미디어 부문에서는 디스플레이 분야의 강점을 더욱 확대할 계 획입니다. 디스플레이 사업은 2001년 CDT(PC용 브라운관) 모니터 시 장점유율 22%, LCD 모니터 시장점유율 19%를 확보하는 등 세계 1위를 유지하고 있습니다. 다만 브랜드 위상에서 절대 우위를 확보하지 못하 고 있다는 점과 최근 장홍, 콩카, TCL 등 중국업체들이 모니터 사업을 시작하고 있어 CDT 모니터 시장의 경쟁이 심화될 것으로 보인다는 점 이 안고 있는 현안입니다. 따라서 대형 LCD 디스플레이, AV와 융복합 된 컨버전스 제품 등을 통해 제품력 차별화를 지속할 것이며 장기적으 로는 FED(2004년), 유기EL(2005년) 등 신소재 디스플레이 시장을 관 계사 협력을 통해 선점할 수 있도록 할 것입니다. 이를 통해 시장점유율 20%선을 유지하며 1위 위상을 공고히 할 수 있을 것으로 판단됩니다. 컴 퓨터 사업은 글로벌 사업기반이 미미하다는 것이 가장 큰 문제입니다. 특 히, 산업이 컨버전스화하면서 컴퓨팅 기술 및 시장기반의 중요성이 커지 고 있어 글로벌 PC 사업 위상확보가 필요합니다. 삼성은 우선 제품력에 있어 차별화가 가능하고 경쟁구도 유동성이 상대적으로 높은 노트북을 중심으로 세계화를 추진할 것입니다. 삼성은 작년에 도입한 초슬림형 노 트북인 '센스Q'에서 보인 슬림화 기술, 열처리 기술, 배터리 전력기술 등을 보유하고 있습니다. TFT-LCD, HDD, ODD, 무선 모듈, 배터리 등 많은 핵심부품을 자체적으로 만들 수 있습니다. 미국에 390건의 특허를 갖고 있는 등 IP(지적 재산) 역량을 보유하고 있습니다. 또 향후 AV와의 융복합 추세를 감안할 때 PC 전문업체보다 미래 기능 및 시장 개척에 유리한 점을 갖고 있기도 합니다. 현재 취약한 해외유통과 서비스 인프라를 확충하고 차별화된 제품으로 적극적 해외 마케팅을 전개한다면 5년 이내에 세계 5대 노트북 메이커로 성장할 수 있을 것으로 봅니다.

**디지털 시대로 접어들면서 정보통신과 디지털 미디어가 접근하는 부분이 있는데 사업부별 또는 계열사별로는 어떻게 역할을 조정하는 게 바람직할까요?**

"장기적으로 최근 넥시오(Nexio)라는 이름으로 발표한 모바일 PC를 근간으로 엔터테인먼트, 인포메이션 기능 등을 강화하여 M3(Mobile Multi Media) PC 시장영역을 창출해나갈 계획입니다. 디스플레이 사업은 삼성전자나 삼성SDI 혼자서 일류화할 수 있는 분야가 아닙니다. 지금 CRT와 PDP 패널은 SDI가, TFT-LCD 패널 및 세트는 삼성전자가 사업을 하고 있고 나름대로 만족할 만한 실적을 내고 있다고 판단됩니다. 향후 환경이 바뀌거나 그룹 차원의 경쟁력 확보에 용이한 새로운 요인이 나타난다면 그에 맞게 조정해 나갈 수 있을 것입니다."

**CEO는 어떤 자질과 덕목을 갖춰야 한다고 생각하십니까?**

"삼성의 CEO는 비전-목표를 명확히 할 수 있는 경영자(Clarifier), 조직에 활력을 불어넣어 줄 수 있는 경영자(Energizer), 일·조직·프로세스를 유기적으로 결합, 운영할 수 있는 경영자(Organizer)가 되어야 한다고 봅니다."

# 한용외 생활가전 총괄사장

한용외 생활가전 총괄사장은 "그 동안 반도체와 정보통신 부문에 가려져온 생활가전 부문을 2005년까지 매출 60억 달러의 세계 일류 브랜드로 도약시키겠다"고 말했다.

이를 위해 연구개발과 시설투자에 1조 원을 투입하고 멕시코, 중국, 유럽 등지에 현지 생산기지 및 R&D 센터를 확대하고 해외 가전 및 공조업계와의 전략적 제휴를 강화할 방침이라고 밝혔다. 한 사장은 "삼성전자는 각 사업부문의 경쟁과 협조를 통해 세계 최일류의 목표를 달성해온 전통과 노하우가 있다"며 "최신기술의 확보와 인재육성을 통해 경쟁력을 끊임없이 키워나갈 것"이라고 덧붙였다.

**리더십은** 임직원들이 생각하고 있는 심리상태를 파악하여

그 사람들에게 비전을 주고 스스로 일을 찾아서

열심히 할 수 있도록 만들어주는 힘이 있음을 뜻합니다.

**삼성전자가 질적 변화를 하게 된 계기를 이건희 회장의 신경영 선언으로 보는 시각이 많습니다. 현재 신경영의 목표는 어느 정도 달성됐다고 평가하십니까? 또 삼성이 세계 일류기업이 되는 데 부족한 점은 없습니까?**

"삼성의 강점은 새로운 도전목표를 만들고 이를 달성하는 과정에서 열심히 하는 기업 풍토가 어느 기업보다 잘 조성돼 있다는 점입니다. 이는 이건희 회장을 포함한 최고경영진의 리더십이 바탕이 되고 있습니다. 이 회장은 단기적 실적 중심의 사고가 아니라 장기적 관점에서 삼성전자를 어떻게 끌고나갈 것인지에 대한 비전을 제시하고 있습니다. 최근 삼성전자의 비약은 1993년 이 회장의 신경영 선언의 결과이기도 합니다. 최신 기술의 확보와 인재양성 등 경쟁력의 요체를 미리 준비토록 하고 회사가 잘 나갈 때 자만하지 말도록 채찍질하는 등 중요한 변화의 시점에서 중심을 잡아주고 있습니다. 선견력은 우리가 무엇이 지금 부족한지를 꿰뚫어보고 이를 사전에 가장 빨리 대응력을 확보할 수 있는 방법을 제시해주는 것을 말합니다. 리더십은 임직원들이 생각하고 있는 심리상태를 파악하여 그 사람들에게 비전을 주고 스스로 일을 찾아서 열심히 할 수 있도록 만들어주는 힘이 있음을 뜻합니다. 이 회장은 1993년 이전에 21세기에 어떤 기업이 살아남을 수 있을지 예견하고 '변하지 않고는 못산다. 처자식 빼고 다 바꿔보자'는 신경영을 선언하였습니다. 그 때는 몰랐지만 이 선언은 지금 시점에서 21세기를 맞이하는 기업의 자세이고 일본기업보다 우리가 더 성장할 수 있는 원동력이 되었습니다. 1980년대 후반에 '앞으로 디지털 기술이 없이는 전자업계에서 살아남지 못한다'고 예견하고 중앙연구소에 디지털 연구팀을 만들어 사전에 준비한 결과 1998년 11월 세계 최초로 디지털 TV를 양산하게 되었습니다. 그 때 이 회장께서 미리 준비하지 않았으면 디지털 면에서도 일본을 따라잡을 수 없었을 것입니다."

**생활가전 사업부문을 세계 1위 기업과 비교하면 어떻습니까? 향후 사업전략에 대해서도 말씀해주시죠.**

"백색가전 분야는 세계1위 기업들과 비교한다면 아직 뒤지고 있는 게 사실입니다. 사업 특성상 지역성·문화성을 더욱 반영해야 하며 특히 국내부문의 사업에서 탈피하여 하루빨리 글로벌화되어야 한다고 봅니다. 기술, 인력양성, 마케팅, 브랜드 등 온힘을 기울여 세계 1등 상품에 진입할 수 있도록 하겠습니다. 생활가전 사업은 삼성전자의 전체 매출과 이익에서 10%를 차지하고 있습니다. 생활가전은 큰돈을 벌기보다는 삼성의 이미지를 높이는 사업 분야입니다. 생활가전 제품은 최종 소비자가 일반인인데다 지역과 나라에 따라 모양과 기능이 각기 달라야 합니다. 세계 각 시장에서 소비자들에게 좋은 제품을 제공함으로써 삼성 전체의 이미지를 높일 수 있는 분야입니다"

**삼성전자의 성공요인 중 한 가지로 각 사업부 또는 계열기업이 세계 1등의 제품력을 갖추고 서로 유기적으로 협조하므로 경쟁사에서는 따라올 수 없는 기술력과 원가경쟁력을 갖췄다고들 합니다.**

"삼성전자의 각 사업부문은 경쟁과 협조를 통해 상호 발전을 꾀하고 있습니다. 이 과정에서 각 사업부별 갈등이 있는 것도 사실이지만 이는 어디까지나 외부에서 보는 시각이며 내부적으로는 선의의 경쟁이라고 생각합니다. 자본주의 사회에서 경쟁이 없으면 발전이 없으니 이런 시각에서 바람직한 일이라고 봅니다. 일부 사업부나 회사 중심으로 추진되어 기술, 인력, 자원 면에서 낭비요소가 생길 수도 있습니다. 그러나 그런 요소가 보일 때는 전자사장단 회의를 통해 조정하거나 필요한 태스크포스 팀을 운영하여 좋은 대안을 만들어나가고 있습니다."

**삼성전자의 CEO로서 많은 외국기업과 접촉하고 계신데 한국기업들이 갖는 공통적인 약점이라면 어떤 것이 있을까요? 또 강점으로는 어떤 면을 들 수 있을까요?**

"삼성의 CEO는 인간미, 도덕성, 예의범절, 에티켓을 근본으로 한 비전 제시, 선견력을 가지고 변화에 대처할 수 있어야 합니다. 또 삼성의 CEO는 문화를 이해하고 소비자와 더불어 살아가는 기업의 사회적 책임을 다할 수 있어야 합니다. 한국 기업인들의 약점을 굳이 지적하자면 직종, 경험, 이해도, 철학, 역사의식, 문화 마인드 등 다양성 측면에서 부족한 점이 없지 않다고 생각합니다. 기술자라고 하더라도 문학을 알고 음악을 알고 철학을 아는 것이 중요합니다."

# 이기태 정보통신 총괄사장

2002년 5월 〈한국경제신문〉과의 인터뷰에서 이기태 정보통신 총괄사장은 "월드 퍼스트(World First) 전략을 통해 단말기 분야를 품질·가격·브랜드 가치 등 모든 분야에서 세계 1위로 끌어올릴 것"이라고 말했다.

정보통신 사업은 모바일, 오피스·홈 네트워크 등으로 압축되는 디지털 컨버전스 시대의 주력사업군인 만큼 단말기뿐만 아니라 시스템, 솔루션, 콘텐츠를 융합한 토털 솔루션을 제공할 수 있도록 만들겠다는 목표를 제시했다. 통신장비 등 시스템과 광통신 분야도 잠재력이 큰 시장인 만큼 결코 소홀히 하지 않겠다고 덧붙였다.

이 사장은 "삼성전자는 외환위기를 거치면서 더욱 강한 기업으로 거듭났다"며 "전사업부문 간 치열한 내부경쟁을 유도하고 결과

에 대한 적절한 보상체계가 확립된 점이 삼성전자의 강점"이라고
평가했다.

**삼성전자가 강력한 경쟁력을 유지하는 데 대해 여러 가지 시각들이 있습니다만.**

"삼성전자의 강점은 우수한 인재와 기술의 확보, 경쟁력 있는 사업 중
심의 역량 집중, 경영효율화 등을 꼽을 수 있습니다. 이른바 질(質) 중
심의 경영이 체질화된 결과가 오늘의 삼성전자를 만든 것이죠. 인재는
창의력과 미래에 대한 선견력을 갖춘 사람을 말합니다. 이건희 회장 역
시 이 점에서 예외가 아닙니다. 이 회장의 리더십은 한 발 앞선 창조적
인 사고에서 비롯된다고 생각합니다. 끊임없이 위기 의식을 불러일으
키고, 사람과 조직을 움직이게 한다는 거죠. 또 미래를 내다보고 대비하
는 선견력으로 때로는 너무나 구체적으로 그 방법까지 제시하시곤 합
니다. 한 명의 천재가 10만 명을 먹여살린다는 말씀에서 나타나듯이 인
재 중시 경영철학이 그 일면이라 할 수 있습니다. 인재 중시는 성과에
대한 보상과 연결됩니다. 이 점이 오늘의 삼성을 만든 요인 중의 하나입
니다. 이익배분제(PS)와 같은 파격적인 인센티브와 과감한 스톡옵션제
의 도입을 통해 업계 최고의 대우를 해줌으로써 자부심과 함께 자발적
으로 일할 수 있는 동기를 부여하고 있습니다. 이 결과 세계에 없는 제
품을 내놓기 위한 내부경쟁도 치열합니다."

**정보통신 부문이 반도체에 이어 삼성전자의 새로운 유망사업으로 부상하고 있습니
다. 정보통신 사업의 경쟁력을 세계 1위 기업과 비교하면 어떻습니까?**

디지털 시대에는 작은 기업이라도
기술력만 갖추고 있다면 거대기업을 누를 수 있는
기회가 주어집니다.

"질 중심의 신경영은 결국 IMF 위기를 겪으면서 삼성 그룹 내부에서 체질화되었고, 삼성이 현재 세계 수준의 기업으로 성장할 수 있었던 원동력이 되었다고 생각합니다. 특히 정보통신 사업은 품질 우선의 경영으로 2001년 세계 최초로 휴대전화와 시스템 분야에서 정보통신 최고의 품질 규격인 TL9000 인증을 획득하는 성과를 거두었으며 현재도 6시그마 등 불량률 제로에 도전하는 품질혁신 활동을 전개하고 있습니다. 휴대전화는 철저한 품질관리로 미국 〈컨슈머 리포트〉지로부터 1위로 선정됐으며 유럽 각국에서도 베스트 상품으로 돌풍을 일으키고 있습니다. 2005년 세계 휴대전화 업계 1위군 진입이 목표입니다. 이를 위해 품질 최우선 경영방침을 견지하고 세계 최고의 브랜드로 키워나갈 것입니다. 2001년 기준 삼성전자의 휴대전화는 수량 면에서 세계 4위, 금액으로는 노키아, 모토로라 다음으로 세계 3위 수준입니다. 이러한 성과는 중·고급 시장을 목표로 한 결과로서 과거 소니의 워크맨처럼 고급 휴대전화의 삼성으로 브랜드 이미지가 전세계 고객들에게 인식되어가고 있습니다. 삼성의 휴대전화 전략 중 하나는 '월드 퍼스트' 입니다. 빠른 기술발전과 고객의 욕구를 반영한 제품을 최초로 출시함으로써 시장을 선점하는 전략입니다. 삼성은 CDMA 1X, 1X DO 단말기 및 유럽형 GPRS 단말기를 세계 최초로 출시한 바 있으며 향후 4세대에서도 가장 먼저 휴대전화를 출시할 계획입니다. 다른 하나의 전략은 완벽한 품질을 기반으로 기능과 디자인에서 경쟁사와 차별화된 세계 최고의 월드 베스트 제품을 개발하는 것입니다. 삼성은 이미 경쟁사와 차별화된 TV폰, 카메라폰, 워치폰, TFT 컬러폰, 40폴리폰 등을 출시하여 미국

〈컨슈머 리포트〉 등 세계 유수의 언론들에 의해 몇 차례에 걸쳐 휴대전화 부문 최고 상품으로 선정되는 등 이미 기술력을 입증받은 바 있습니다. 또 듀얼 폴더, 미국에서 600만 대나 팔린 플립업 모델 등 차별화된 디자인으로 각종 세계적인 디자인상도 10회 이상 수상하는 등 전세계 소비자로부터 좋은 호응을 받고 있습니다. 삼성의 휴대전화는 고객의 요구를 반영한 차별화된 제품을 남보다 빠르게 공급하여 세계 1위군 업체로 발돋움할 것입니다.”

### 정보통신 부문 비전은 어떤 것인가요?

“5년 후의 정보통신 사업의 청사진을 그려보면, 휴대전화 사업은 지속적인 신제품 적기출시 및 제품 경쟁력 강화로 세계 1위군을 확실하게 형성하고 있을 것입니다. 또한 CDMA 종주국으로서, CDMA 시스템도 중국, 미국, 호주 등 환태평양 국가 중심으로 세계 1군 업체로 부상할 것입니다. 이러한 목표를 달성하기 위해 CDMA 기술 리더십을 지속적으로 유지할 계획입니다. 2000년 10월 CDMA 2000 1X 세계 최초 상용화에 이어 2002년 2월에 2메가 전송이 가능한 1X DO도 세계 최초로 상용화함에 따라 세계적으로 기술력을 인정받고 있습니다. 유선 네트워크 사업은 IP를 기반으로 한 차세대 교환기(next generation network : NGN)와 기업용 네트워크 사업을 확대할 계획입니다. 바이오 테크놀로지(BT), 나노 테크놀로지(NT) 등 신기술과 기존 IT 기술과의 접목을 통한 신규사업 비중도 지속적으로 증가할 것으로 전망됩니다. 이를 위해 미래 기술에 대한 투자 규모를 확대해나가고 세계 수준의 제품을 확보하는 등 차세대 사업군을 집중적으로 육성해나갈 계획입니다. 광통신 분야의 경우 2001년에는 세계 IT 산업의 불황으로 시장이 축소됐습니다만, 최근 IT 경기가 2003년 이후 회복될 것이란 전망이 나오고 있습니다. 광통신은 인터넷 사용량 증대 등으로 광통신이 가정까지 연결되므로 향후에는 고성장이 예상되는 사업입니다. 시장이 회복될 때까지는 제품경쟁력 확보를 위해 핵심 기술개발과 제품의 신뢰성을 제고하여 시장회복시 적극적으로 사업을 추진할 계획입니다. 디지털 컨버전스에 대비해 모바일 네트워크, 오피스 네트워크, 홈 네트워크 분야를 중점적으로 추진하고 있습니다. 모바일 네트워크는 무선 단말기, 시스템, 솔루션 및 콘텐츠를 융합한 토털 솔루션을 제공하는 것입니다. 향후 유무선 통합에 대비한 준비도 병행하고 있습니다. 오피스 네트워크는 기업환경에 최적화될수 있는 네트워크 솔루션을 제공하여 업무효율을 극대화하고 IT 비용을 절감할 수 있도록 하는 것입니다. 홈 네트워크는 즐거움, 편의성, 안전 등 고객의 삶을 높이고자 유·무선 통신기술과 다양한 제품군을 활용한 가정 내의 토털 리빙 솔루션 사업을 추진하고 있습니다."

**디지털 시대가 본격화되고 있는데요?**

"디지털 시대가 도래하면서 사업의 영역 구분이 점차 없어지고 있습니다. 고객은 하나의 기기로 여러 가지 기능을 언제 어디서나 사용할 수 있기를 원합니다. 21세기는 소유의 시대가 아니라 접속의 시대입니다. 보유하고 있는 경쟁력을 누가 잘 접속시키는지가 관건이라 봅니다. 각

부문만이 가지고 있는 경쟁력이 있습니다. 또한 삼성전자라는 한 울타리 안에 같이 있음으로써 어느 기업보다 상호 접속이 용이한 좋은 환경 속에 있습니다. 각 부문의 특화된 경쟁력을 강화하고 타부문의 경쟁력을 배우면서 상호 보완적으로 경쟁력을 강화하는 것이 바람직하다 하겠습니다."

**삼성전자가 강하기는 하지만 전체가 모두 강점들로만 구성돼 있다고 보기는 힘들 텐데요? CEO로서 판단하고 있는 삼성의 약점이라면 어떤 것들이 있을까요?**

"삼성전자는 제조업을 토대로 성장한 회사이며 제조 경쟁력은 세계 최고 수준에 있다고 할 수 있습니다. 그러나 고객의 요구가 갈수록 다양해지고 제조업체가 시장을 주도하던 시대에서 사용자가 시장을 주도하는 시대로 바뀌어가고 있는 시점에서, 제조 만능주의적인 사고는 약점이 될 수도 있다고 봅니다. 이제는 고객의 변화하는 요구들을 민첩하게 감지하여 제품 개발에 즉각 반영할 수 있는 시장 중심의 경쟁력이 더욱 중요한 요소가 될 것입니다. 삼성전자는 부단한 노력을 통해 시장 중심 (market driven)의 체질로 변화가 되었지만 향후 세계 최고 수준의 회사로 경쟁력을 확보하기 위해서는 더욱 철저히 시장지향 기업(market driven company)를 추구해야 할 것입니다. 한국 경제와 기업들이 한강의 기적을 일궈낼 수 있었던 성공요인 중 하나는 한국인들의 근면성을 바탕으로 한 제조경쟁력이라 봅니다. 우리는 '하드웨어적'인 경쟁력은 세계 수준이라 이야기할 수 있으나 소프트웨어를 근간으로 한 제품이나 서비스를 수출하는 데 있어서는 경쟁력이 부족한 실정입니다. 우리는 우수한 머리를 지니고 있으면서도 그 지식이나 정보를 축적하여 제품과 서비스에 반영하는 것에는 취약합니다. 소프트웨어 기술이 바탕이 되지 않은 하드웨어 제품을 생산하는 기업은 소프트웨어 경쟁력을 갖춘 기업의 단순 하청업체로 전락할 수밖에 없는 환경입니다. 하루 빨리 이 분야에서 경쟁력을 확보해야 할 것입니다. 지금은 볼륨(volume, 외형)은 의미가 없는 시대입니다. 디지털 시대에는 작은 기업이라도 기술력만 갖추고 있다면 거대기업을 누를 수 있는 기회가 주어집니다. 앞으로 삼성전자에서는 세계 시장을 주도할 수 있는 몇몇 제품이 나올 것입니다. 마치 PC에서 인텔과 같은 시장을 창출하는 기업이 돼야 합니다."

# 삼성전자 연혁

## 1968

| | |
|---|---|
| 11. 8 | 일본 산요전기와 자본 및 기술합작 협정서(가조약) 조인 |
| 12. 30 | 삼성전자 창립 발기인회 개최 |

발기인 : 김재명 제일제당 사장, 이병철 삼성물산 회장, 이맹희 삼성물산 부사장, 손영기 안국화재 사장, 정상희 전 삼호방직 사장, 정수창 삼성물산 사장, 조우동 동방생명 사장

## 1969

| | |
|---|---|
| 1. 13 | 삼성전자공업주식회사 설립. 자본금 3억 3,000만 원. 초기 대표이사 정상희 사장 |
| 6. 15 | 수원전자단지 개토식 |
| 9. 13 | 삼성전자, 일본NEC, 스미토모 상사 합작투자 기본계약 체결 |

투자비율 50 : 40 : 10, 총투자규모 350만 달러

| | |
|---|---|
| 12. 23 | 흑백 TV(브랜드 'PRINCE', 오리온전자 제품) 국내 판매 개시 |

## 1970

| | |
|---|---|
| 1. 20 | 삼성NEC 설립. 자본금 2억 원 |

## 1971

| | |
|---|---|
| 9. 15 | 자회사 삼성일렉트릭스 설립 |
| 12. 5 | 퀀셋 1공장 준공. 선풍기, 석유스토브 생산 |

## 1972

| | |
|---|---|
| 7. 19 | 20인치 흑백 TV 양산 개시 |
| 7. 25 | 퀀셋 2, 3공장 준공 |
| 11. | 전자계산기 생산 개시 |
| 11. 2 | 국판용 흑백 TV 생산 개시 |

## 1973

| | |
|---|---|
| 3. 2 | 삼성일렉트릭스 흡수 · 합병 |
| 3. 15 | 삼성전자, 삼성산요전기, 일본산요전기, 일본산요전기무역 부품회사 (삼성산요파츠) 설립, 합작투자 계약체결 |
| 4. 1 | 흑백 TV 개발 |
| 6. 8 | 미국 코닝글라스워크스와 삼성코닝 설립 합작투자계약 체결 |
| 8. 31 | 수원으로 본사 이전 |
| 12.23 | 가전공장 준공 |

## 1974

| | |
|---|---|
| 1. 16 | 카세트 생산 개시 |
| 3. 2 | 냉장고 생산 개시 |
| 5. 22 | 에어컨 생산 개시 |
| 12. 6 | 한국반도체 국내 지분 인수 |
| 12.16 | 세탁기 생산 개시 |

## 1975

| | |
|---|---|
| 6. 30 | 기업공개 |

## 1976

| | |
|---|---|
| 7. 4 | 콤프레서 양산 |
| 10.20 | 흑백 TV 생산 100만 대 돌파 |

## 1977

| | |
|---|---|
| 4. 9 | 컬러 TV 양산 개시 |
| 4.30 | 컬러 TV 파나마에 첫 수출, 삼성전기(舊삼성산요전기) 흡수 · 합병 |
| 12.30 | 한국반도체 완전 인수 |

## 1978

| | |
|---|---|
| 6.10 | 흑백 TV 생산 400만 대 돌파, 세계 1위 기록 |
| 7.18 | 미국 현지판매법인(SEA) 설립 |
| 11. 5 | 5인치 콤보 TV 미국 첫 수출 |
| 12.20 | 수출 1억 달러 돌파 |

## 1979

| | |
|---|---|
| 6.20 | VCR 생산 개시 |
| 8.5 | 전자동 컬러 TV 공장 가동 |
| 12.31 | 수원사업장 종합연구소 준공 |

## 1980

| | |
|---|---|
| 9.10 | 8인치 컬러 TV 국내 최초 출하 |

## 1981

| | |
|---|---|
| 2. 12 | 컬러 TV 생산 100만 대 돌파 |
| 2. 16 | 아날로그 시계용 집적회로 개발 |
| 3. 28 | 콤프레서 미국에 수출 |
| 5. 30 | 흑백 TV 생산 1,000만 대 돌파 |
| 12. 22 | 3억 달러 수출탑 수상 |

## 1982

| | |
|---|---|
| 1. 5 | 반도체연구소 설립 |
| 1. 13 | 컬러 TV 일본에 역수출 |
| 2. 22 | 미국 HP와 기술제휴계약 체결 |
| 6. 23 | 독일 현지판매법인(SEG) 설립 |
| 9. 23 | 최초의 해외사업장 포르투갈에 준공(SEP) |

## 1983

| | |
|---|---|
| 3. 21 | PC 생산 개시 |
| 9. 17 | PC 캐나다에 첫 수출 |
| 11. 30 | 5억 달러 수출탑 수상 |

## 1984

| | |
|---|---|
| 9. 30 | 삼성반도체통신 기업공개 |
| 10. 8 | 삼성반도체통신 국내 최초 256KD램 개발 |
| 10. 30 | 16비트 업무용 PC 생산 개시 |
| 12. 31 | 매출 1조 원 달성 |

## 1985

| | |
|---|---|
| 4. 18 | 삼성반도체통신 64K S램 개발 |
| 5. 21 | 삼성반도체통신 기흥 제2사업장 준공(256K D램 생산 전용) |
| 12.19 | 해외전환사채(CB) 국내 최초 발행 |

## 1986

| | |
|---|---|
| 1. 9 | 16비트 컴퓨터 미국에 수출 개시 |
| 3. 20 | 디지털 TV 개발 |
| 7. 13 | 삼성반도체통신 세계 3번째로 1메가D램 개발 |
| 8. 22 | 컬러 TV 생산 1,000만 대 돌파 |

## 1987

| | |
|---|---|
| 3. 23 | 32비트 컴퓨터 생산 개시 |
| 6. 11 | 삼성반도체통신 미국 반도체공장(SII) 준공 |
| 9. 1 | 오스트레일리아 현지판매법인(SEAU) 설립 |
| 9. 23 | 캐나다 현지판매법인(SECA) 설립 |
| 10.1 | 영국 현지생산공장(SEMUK)준공, 생산 개시 |

## 1988

| | |
|---|---|
| 1. 19 | 삼성반도체통신 256K S램 출하 |
| 1.23 | 전자레인지 생산 1,000만 대 돌파 |
| 10.10 | 삼성반도체통신 4메가D램 양산공장 기공 |
| 10.17 | 타이삼성 설립 |
| 10.21 | 멕시코 현지생산공장(SAMIX) 생산 개시 |
| 11. 1 | 삼성반도체통신 합병, 가전 정보통신 반도체 사업부문제 채택 |
| 11.16 | 1메가 S램 개발 |

## 1993

| | |
|---|---|
| 2. | 국내 최초 초소형 캠코더 개발 |
| 6.3 | 반도체 5라인 준공식(세계 최초 8인치 양산 라인 16메가D램) |
| 7.17 | 그룹 7-4근무제 도입 |
| 7.26 | 중국 TDX 합작공장(산둥삼성통신설비유한공사) 설립 |
| 9.9 | 9.4인치 TFT-LCD 해외 첫 출하식 |

## 1994

| | |
|---|---|
| 2.16 | 무선전화기용 원칩 IC 세계 첫 개발 |
| 5.20 | 일본 에어컨 제조업체 LUX 인수 |
| 8.29 | 세계 최초 256메가D램 개발 발표 |
| 9.13 | 중국 톈진 컬러 TV 공장 준공식 |
| 12.13 | 256메가 D램 샘플 첫 출하 |

## 1995

| | |
|---|---|
| 1.5 | 미국 IGT 인수, ATM(비동기전송방식) 관련 핵심 칩 기술 확보 |
| 3.29 | 후지쓰와 LCD 기술협력 계약 |
| 7.7 | 중국 쑤저우 공장 기공(반도체 조립 및 테스트 라인) |
| 7.31 | 미국 AST 지분 인수 완료(40.25%) |
| 10.5 | 반도체 6, 7 라인 준공식 |
| 10.10 | 22인치 TFT-LCD 첫 개발 |

## 1996

| | |
|---|---|
| 1.6 | 대형 모니터 연 110만 대 수출, 대형 부문 세계 최대 공급업체 |
| 1.7 | TFT-LCD 제3라인 착공 |
| 2.5 | 반도체 16메가 램 본격 양산 |

| 2.7 | 국내 단일기업 최대 순익(2조 5,000억 원)기록 |
| 4.28 | R&D 비용 1조 원 돌파, 연구인력 1만 명 |
| 11.5 | 세계 최초 메모리 반도체 1기가D램 개발 발표 |

## 1997

| 4.21 | 세계 최초 CDMA 방식 휴대전화 100만 대 판매 달성 |
| 5.9 | 일본 나가노 동계올림픽 & 호주 시드니 올림픽 파트너로 국내 최초 선정 |
| 8.18 | 〈포천〉 선정 세계 전자업계 13위 |
| 10.15 | 초대형 30인치 TFT-LCD 세계 최초 개발 |
| 11.3 | S램 세계시장 점유율 1위(13.6%) |

## 1998

| 3.3 | 세계 최경량 PCS 휴대전화 개발 |
| 4.30 | 256메가SD램 세계 첫 생산 |
| 5.27 | 한국HP 지분 45% 전량 매각 |
| 7.10 | TFT-LCD 세계시장 점유율 1위 달성 |
| 9.24 | 1기가SD램 샘플 첫 출시 |
| 9.28 | 3세대 폴더형 휴대전화 개발 |
| 10.20 | 디지털 TV 세계 최초 양산 |
| 11.4 | 144메가 램버스 D램 첫 개발 |

## 1999

| 1.12 | 미국 자회사 AST 정리 발표 |
| 3.16 | GE의료기기 지분 매각(2,000만 달러) |
| 3.18 | 휴대전화 해외 생산 시작(브라질) |
| 6.21 | CDMA 상용 시스템 미국 첫 진출(에어터치 사) |
| 6.24 | 세계 최고속 1기가 알파칩 개발 |

## 2000

| | |
|---|---|
| 5.16 | TFT-LCD 1,000만 개 생산 돌파 |
| 6.22 | GSM 휴대전화 스페인 공장 준공 |
| 7.19 | 0.1미크론 한계기술 돌파 발표 |
| 7.26 | 호주 CDMA 이동통신망 개통 |
| 11.7 | 컬러 TV 생산 판매 1억 대 돌파 |

## 2001

| | |
|---|---|
| 3.22 | 미국 델사 160억 달러 전략적 제휴 발표 |
| 5.15 | 업계 최초 3세대 동영상 휴대전화 출시 |
| 5.22 | 차이나유니콤 차세대 통신협력 |
| 7.18 | AOL타임워너 전략적 제휴 체결 |
| 8.2 | 소니 메모리카드 전략적 제휴 체결 |
| 8.14 | 전세계 법인 ERP 시스템 구축 완료 |
| 8.22 | 세계최대 40인치 TFT-LCD 개발 |
| 8.30 | 1기가 플래시 메모리 상용화 |
| 11.12 | 중국 CDMA 시범망 공급업체 선정 |

●

**SAMSUNG RISING**
삼성전자 왜 강한가
●

지은이 / 한국경제신문 특별취재팀
펴낸이 / 김경태
펴낸곳 / 한국경제신문 한경BP
등록 / 제 2-315(1967. 5. 15)
제1판 1쇄 발행 / 2002년 7월 20일
제1판 28쇄 발행 / 2007년 8월 10일
주소 / 서울특별시 중구 중림동 441
홈페이지 / http://www.hankyungbp.com
전자우편 / bp.hankyung.com
기획출판팀 / 3604-553~6
영업마케팅팀 / 3604-561~2, 595
FAX / 3604-599
●

＊파본이나 잘못된 책은 바꿔 드립니다.
ISBN 89-475-2393-3
●

값 10,000원